熱男のことば

球界最高のモチベーターが実践する
究極のポジティブマインド

松田宣浩
福岡ソフトバンクホークス内野手

講談社

熱男のことば
球界最高のモチベーターが実践する究極のポジティブマインド

まえがき

　平成最後となる二〇一八年のプロ野球日本シリーズを制し、福岡ソフトバンクホークスはダイエー時代も含め、平成最多七回目の日本一となりました。

　僕は二〇〇五年のドラフト会議でホークスに希望入団枠で入団し、五回も日本一を経験させてもらいました。

　振り返ってみると、プロ野球生活一三年、いいことも、悔しいこともたくさんありました。

ルーキーイヤーは小久保裕紀《こくぼひろき》さん以来チーム一二年ぶりとなる開幕スタメン（スターティングメンバー）入りを果たしましたが、プロの壁にぶち当たり、二ヵ月半で二軍行きを通告されました。それまで、甲子園出場、大学では日本代表に選ばれてきた自信があったので、心を折られました。でもそこから、多くの人の支えがあり、レギュラーに定着し、日本代表にも呼んでいただけるまでに成長してこられました。

「熱男《あつお》」という代名詞も、今ではすっかり定着し、モチベーターと言われることも多くなりましたが、昔からその役割を果たせていたわけではありません。もともと僕は寡黙なタイプで、「熱男」のようなムードメーカー、元気キャラではありませんでした。それでも、人との出会いや積み重ねてきた自信が、僕を「熱男」にしてくれたのだと思っています。

「熱男」にしてもそうですが、僕はこれまで言葉で多くは伝えず、周囲には行動で示すということを軸においていました。

だけど、二〇一八年シーズンは行動で示すこともできない不甲斐ない結果となってしまいました。クライマックス・シリーズ（ＣＳ）、日本シリーズと、個人の成績で結果を残すことができなくて、控えにまわることが多くなりました。それまでレギュラーとして第一線で戦ってきていたのに、試合に出場できなくなったときに初めて、それまでに感じたことのない想いが生まれてきました。自分自身に対する苛立ちへの対処法や、周りに対しての振る舞い、控え選手の気持ち、そういったものを考えさせられるようになりました。

チームとしては二年連続で日本一になれたものの、個人としてはとても悔しいシーズンでした。

プロ野球生活一四年目、三六歳のシーズンに臨むいま、プロ野球の世界ではベテランと言われる域に達しました。世の中では三六歳は働き盛り、これから、と言われる年代です。僕自身、まだまだユニフォームを脱ぐつもりはありませんが、今までホークスで培《つちか》ってきたものを後輩たちに姿勢で見せていかなければいけない、と自覚しています。

悔しさを味わったからこそ、伝えられることがあるはずです。

だからこそ、僕という人間を振り返る意味でも、これまでの人生で感じてきたもの、得てきたものを書いてみようと思います。

「感覚派」と言われることが多いので、うまく伝えられないところも多々あるかと思います。それでも、僕が多くの人や言葉との出会いで成長してこられたように、読んでくれた方に何か熱い気持ちが生まれてくるようでしたら嬉しいです。

松田《まつだ》宣浩《のぶひろ》

装幀　岡　孝治
写真　渡辺充俊
ユニフォーム写真提供
アスリート・マーケティング株式会社

熱男のことば

球界最高のモチベーターが実践する究極のポジティブマインド

目次

あえて「ムカつく」を口に出す

ふだんはあまり使うことのない言葉ですが、二〇一八年は自分自身にすごくムカつきましたね。

何よりも、もっと結果さえ出していれば良かったのに、期待して使ってもらうことも、応えることもできなかった自分にムカつきます。

レギュラーシーズンの個人成績はホームランを三〇本以上打ててそれなり

に満足できるものでしたが、ＣＳのファーストステージ、ファイナルステージともに打撃不振に陥ってしまいました。試合に出ても打てない打席が続き、迎えた日本シリーズでは、試合で使ってもらうことすらなくなりました。

目立ちたがり屋の自分としては、日本シリーズでチームが日本一になっても、まったく映像に自分が出てこないことがめっちゃ悔しかったですし、ムカつきました。

ムカついたときは、宿舎のホテルとかで、だれにも聞かれることのない一人のときに、「ムカつく」と言葉をあえて口に出すようにしていました。そうすることで、ムカつく気持ちは徐々に消えていきました。

自分のなかであのままムカつく気持ちを溜めておいたら、ストレスもより強くなって、相当苦しかったと思います。

いくら調子が悪いからだとわかっていても、やっぱり試合に出られないのはムカつきます。でも、そういう負の気持ちを抱えたままだと態度に出てしまったり、プレー自体の調子もさらにおかしくなってしまいかねません。

だから、小出しにでも不満を発散させたほうがいいのです。

ただし、だれも見ていない聞いていないところで、自分自身のコントロールのためにやるべきです。

相手がだれであれ、言うべきことは言う

僕はまばたきが多いと言われますが、だからといって「目をつぶる」ことは嫌いです。

もちろん、物理的に目をつぶることではなく、ミスを見なかったふりをして見過ごすということ。

「お前だったらいいか」とか、「一回は目をつぶろう」とか。

プロ野球でも、走塁や守備のミスをしても、叱責《しっせき》することもなく、なんと

なく流してしまう風潮があります。それがベテラン選手だとなおさらそういう雰囲気はあるかなと。

ミスはだれでもしてしまうことなので、仕方ありません。ミスを減らす努力はしますが、ゼロにすることは難しいです。でも、ミスに対して「目をつぶる」ということをゼロにすることはできます。

ミスをちゃんと指摘することで、次のミスを回避することにつながると思います。相手のことを思うなら、目をつぶらないほうがその人のためになります。チームとしても、選手ひとりひとりのミスが少ないほうが試合に勝てます。試合に勝ち続けるということは、それぞれの選手個人の年俸などにもいい影響を与えるはずです。

だからこそ、相手がだれであれ言うべきことは言わないといけない。

ホークスは伝統的にベテランに対しても凡ミスについては、はっきりと指摘できる雰囲気があります。だからこそホークスというチームは強いのです。

亜細亜大学の四年間が培った「人間力」

プロ野球選手として成功するには、高校を出てから一年でも早くプロの世界に足を踏み入れるに越したことはないと思いますけれど、僕は大学で野球をやって良かったと思っています。

僕は高校の監督が亜細亜《アジア》大学のＯＢだったこともあり、高校時代から亜細亜大学の練習に参加させてもらっていました。高校一年生から三年生まで毎年、クリスマスは亜細亜大学の寮に泊まりながら大学生たちに交じって練習させてもらっていたので、大学でもお世話になろうと決めていました。

大学に入学して、寮では一年生から四年生まで各学年一人ずつ四人部屋でした。僕らが一年生のときの四年生がいわゆる松坂（大輔）世代で、木佐貫《きさぬき》洋《ひろし》さん（元・巨人など）のボールを見たときは衝撃でしたね。

一年生のときに、木佐貫さん、小山《こやま》（良男《よしお》、元・中日）さんと一緒に大学日本代表に選ばれたのですが、当時の生田《いくた》（勉《つとむ》）コーチ（現・監督）に、「代表の合宿に行っても毎日欠かさずにトレーニングをしなさい」と言われて。僕ら三人と、それに興味を持った日本大学の村田《むら》修《た》一《しゅういち》（元・横浜など）さんとかも一緒になって、通称「やりがい」と呼ばれる、二人一組でする手押し車など亜細亜大学の伝統的なトレーニングをジャパンの合宿先でもやっていましたね。そのくらい野球に対してストイックに向き合うことができました。

大学時代はグラウンドと学校との往復でしたが、僕は坊主頭で普通に授業

に出ていて、一般学生の友だちもたくさんできました。大学に行かなければ出会うことのなかったような、自分とは違う価値観を持っていたり、違う世界で生きていこうとしている友だちにも出会いました。

もちろん野球をやっていても、いいときも悪いときもあって、野球部の仲間との絆はより深まりましたね。なにせ、一八歳から二二歳までの、人生でもっとも多感な時期に寮生活で濃密な時間を過ごすわけですから。

野球漬けの学生生活でしたが、あの四年間が今の僕を作っている、がんばらせてくれる、そう思います。チャレンジできる精神力を養ってくれたと感謝しています。

今でも毎年、同僚の東浜巨《ひがしはまなお》や横浜DeNAの山﨑《やまさき》（康晃《やすあき》）、嶺井《みねい》（博希《ひろき》）とか亜細亜大学野球部OBの選手と一緒になって母校で練習することがありますが、それも一つの恩返しだと思っています。学生にとってはプロ野球選手と練習することですごく刺激になるので、役に立てるなら嬉しいですね。

今、調子のいい人が選ばれるべき

ホークスは育成も補強も層が厚い球団なので、毎年新しいライバルが現れます。

プロ野球界では、昔は試合に出るために、競争に勝つためにチーム内で足をひっぱり合うようなこともあったようですが、今はまったくないですね。

今は本当に結果を出したモン勝ちです。

過去の実績とかが尊重されて不調でも試合に使われ続けるケースもあると思いますけど、今のホークスは本当に「今」。

僕自身も、今、この瞬間に結果を出している人、がんばっている人が選ばれるべきだという思いがあります。

二〇一八年のCSファイナルステージの後半と日本シリーズは、試合に思うように出られませんでした。でも正直、僕はシーズンでホームランを三〇本以上打ってパ・リーグのホームラン・ランキングでは三位だったので、使ってもらってもいいんじゃないかな、というぬるい考えが頭をよぎったこともあります。

だけど、日本一になったことで、そんな考えは消え去りました。

チームが勝つには、今、調子のいい人が必要です。短期決戦となればとくにそうなります。事実、日本シリーズでは僕の代打で出場した長谷川《はせがわ》（勇《ゆう》也《や》）が打点をあげ、チームの勝利に貢献しました。

スポーツはチームが勝ってこそ評価されます。優勝するかしないかでそのあとの扱いはまるで違います。

結果的にホークスは優勝しました。

だからこそ、あのときのベンチの采配は正しかったのです。

でももちろん、この悔しさは忘れません。

お客さんのことを思えば中途半端なことはできない

僕らプロ野球選手はシーズン一四三試合を戦い続けなければいけません。
やはりきついですし、調子が良くないときもあります。
でも、王（貞治）会長がシーズン前に必ず言うことがあります。

「選手にとって一四三試合は長いかもしれないが、来てくれるお客さんにとってはシーズンでただ一試合だけの観戦試合かもしれない。その一試合しか来られない人のために、絶対に気を抜くな」

という言葉です。これはホークスの精神に染み込んでいる言葉ですね。

そういうファンのことを思えば、中途半端なプレーは絶対にできないし、そういうファンがスタンドで観てくださるということが、僕たちのモチベーションになります。

僕自身、フルイニング出場ということには強いこだわりがあります。

それは先述の王会長の言葉もありますが、フルイニング出場というのは攻守走揃った選手の証明でもあるからです。攻撃でも守備でも必要な選手であるということを示していきたい。

まだまだ若い選手に隙を見せるつもりはありません。

楽しみにしてくれているお客さんのためにも、自分自身がチームで勝ち抜

いていくためにも、一四三試合、全イニングに全力で臨まなければいけないと覚悟を決めています。

これはどんな職業にも共通するテーマだと思います。

自分にとっては長い仕事人生の一瞬が、受け取る側にとっては一生の記憶になる場合もあります。相手のことを考えれば、全力で仕事に向き合う必要があると思います。

お手本になる存在になりたい

僕は大学時代までは、背中で周囲を引っ張っていくタイプでした。高校・大学とキャプテンでしたが、あまり喋るのが好きではなかったのです。

だけど、二〇一一年のオフにムネさん（川崎宗則《かわさきむねのり》・元ソフトバンク）がメジャーに移籍する際に、ムードメーカーの役割を引き継ぎ、人前で話したり

元気を出したりということを実践するようになって、そして、それができるようになって、むしろ得意になりました。

先輩にいいお手本がいるとそうなりたいと思うものですし、真似がしやすいのです。

僕らが若いころはムネさんや小久保裕紀さん、松中信彦《まつなかのぶひこ》さんがそういう存在でした。

小久保さんとは同じ三塁手ということで若手のころにポジションを争うことになりましたが、

「プロに遠慮はいらない」

と食事に誘ってくれて、いろいろなアドバイスをいただきました。

松中さんは僕が入団した二〇〇六年に首位打者、その二年前には三冠王を取っている偉大な先輩。一年目の自主トレから松中さんに帯同させてもらっていました。

松中さんからは多くのことを学びましたし、それがプロ野球選手としての、僕のいまの礎《いしずえ》になっています。その時から、

「いつか僕もそうしたい」

と思っていたので、僕も毎年のグアムの自主トレに後輩を連れて行っています。

松中さん、小久保さん、ムネさんの練習に取り組む姿勢とか、チームを引っ張っていく力はホークスの基盤となっています。彼らの存在がなかったら今の僕はなかったかもしれないのです。

僕はまだまだ憧れの先輩のようにモチベーターとして機能しているかどうか、本当の自信はありません。でも、先輩たちのような影響を与えられる、いいお手本になりたいなと思います。

同じことを飽きずに続ける

生活のリズムを変えることで変調が生じるのは嫌なので、試合があるときは毎日、同じことをするようにしています。

朝起きてから夜寝るまでの流れは毎日ほぼ同じ。飽きることなくしっかりとルーティンを守ることが、一四三試合という長丁場を戦い抜く秘訣でしょうね。

とくに、マンネリ化して惰性でルーティンをこなすことは良くないので、一つ一つ意識してやることを心がけています。

そのなかでも、僕が一日の中で一番気を遣っていることは睡眠です。

寝すぎは身体《からだ》に悪いという考え方もありますし、人によって最高の睡眠時間も違いますが、僕は一〇時間以上ベッドにいるようにしています。途中で目が覚めたりもしますが、とにかくベッドの上にいる。やはり身体を休めるときには徹底的に休ませるほうが理にかなっているような気がしています。

睡眠時間のほかに、何時に球場に入って、何時にマッサージして、何時にウエイトトレーニング、何時に食事を摂る、何時から練習とか、生活のリズムはずっと一緒です。遠征先で外食する際も、行きつけの店がほとんどですしね。大阪ならここ、東京ならここ、札幌ならここと、ほぼ決まっていま

す。新規開拓しようとかいう発想があまりないんです。

ここまで言うと、アスリートだからであって、一般の方には真似できない、と思われるかもしれないですが、試合後の夕食にはとくに制限はせず、好きなものを食べています。

寝具へのこだわりもないです。今では珍しくなくなったマットレスへのこだわりも、まったく持ち合わせていないです。いいものなのかもしれないですけど、少なくとも今のところ、特別なものを僕は必要としてはいないですね。野球選手が泊まるホテルは、それなりにいいところですから、そこにあるマットレス、ある枕で寝るのが一番いいと思っています。

こだわりすぎて、遠征の度に準備に時間を使うほうがストレスになってしまうので、自分にストレスをかけすぎないようにしています。

いろいろな仕事の方がいますけど、やはりストレスがまったくない職場はないと思います。同じ仕事でも、人によって受けるストレスは異なりますし。いかにストレスを少なくしていくか、何で解消していくかが大切です。僕は人間の基本である睡眠だったり、食事だったりが大事だと思っていますが、だからといってストイックに突き詰めているわけではないのです。

常に制限をかけるのはきついですが、なるべく一定にしていこうと思っています。

書きとめることが新たな「気づき」を呼ぶ

大学生のときは毎日、野球の日誌を書いていました。寮生活でしたが、部のあれこれや野球のことはもちろん、ニュースを見て感じたことや本を読んでいて気になった言葉とかも書き記していました。

自分で書いていくうちに改めて気づくこともありますし、あとになって見返すことで疑問や課題を解決するヒントを得ることもできます。

当時は監督やコーチがそれに毎日、目を通してくれていました。そこで逆に指導者としての「気づき」もあったようです。

もともと高校時代にはショートを守っていたのですが、体力に任せた強引な守備が目立つ僕はサードに回して、バッティングにより集中できるほうがいいと、内《うち》田《だ》俊《とし》雄《お》監督にコンバートをされました。結果、四番を任され、世界大学野球選手権の日本代表メンバーにも選ばれました。

自分を深く見てくれる人が周囲にいるというのはありがたいことだと、僕も嬉しかったですね。

書くということは今にもつながっていて、「今月は○本ホームランを打つ」など目標を書いています。書くこと、書いたものを目にすることで目標への意識が鮮明になります。

僕らは年間一四三試合戦っているので、そのなかでただ与えられたものを消化するだけでは何の達成感もありません。高い目標を掲げて、それをクリアするためにがんばることでもっと成長できると思っています。

隠れていた「目立ちたい願望」

大学生のころは寡黙で恥ずかしがり屋で、何でもできるタイプではなかったと自分でも自覚しています。だから大学や地元の友だちからは「熱男」についても、

「ようそのキャラでがんばれてんなー」

と、からかわれるように心配されています。

ただ、目立つのが嫌いというわけでもないのです。

大学ではキャプテンを務めましたが、じつは立候補してなりました。

それは自分を変えたいとかではなく、亜細亜大学ではキャプテンは背番号「1」をつけられるからという理由です。やはり「1」という数字がかっこよくて、その背番号をつけたいという思いだけでキャプテンになったのです。

高校のときも立候補してキャプテンになったのですが、その理由は甲子園で優勝旗を持って先頭で行進したいという、軽い考えです。申し訳ないほど軽い考えです。

だから、自分自身にキャプテンシーがあったとか、そういう気概を持っていたとかではないですね。今思えば、もともとそういう目立ちたい野望というのか、「熱男」のポテンシャルはあったのでしょうけど、学生時代は、ただ目立ちたいという、その程度でした。

それがプロに入ってムネ（川﨑宗則）さんみたいなキャラクターの先輩に出会って影響を受けたり、自分自身に自信がついてきたりして表面化してき

たのですかね。それで覚醒しました。

今は周りをがんばって盛り上げようとか、そういう「モチベーター」にならないといけないという使命感ではなく、かざらずに今の自分をさらけだすかたちでやっています。それでも、自然と声が出たり、周りを気遣ったりできるようになりました。

無理に自分を取り繕ったり、周囲のことを考えるより自分自身の立場を誇示しようとモチベーターを演じて見せたりしても、組織はうまく機能しないでしょうし、自分の姿勢も長続きはしないでしょう。

モチベーターになるには「背中」で見せる。日々、自分が行動で示すことがなにより大切かなと、改めて感じます。

それにしても、振り返ってみれば昔と今では本当に変わったなと自分でも思いますね。

過去に教わったことは忘れずに財産として残しておく

一般企業、あらゆる環境でも同じだと思いますけど、上司、つまり監督が変わるとチームを運営するやり方はガラッと変わりますよね。作戦はもちろん、人事、つまり選手起用なども変わります。

とはいえ、監督やバッティングコーチ、守備コーチは年々変わっていきますけれど、僕の場合は百パーセント、新しく上司になった人の意見に耳を傾

けようと思っています。

だからといって前の方々の教えを無視してしまうということではなくて、そういうノウハウは財産として残しておいて、今の監督やコーチの言っていることが正しいと信じて、ドンドン新しい考え方を吸収していこうと思ってやっています。

もうベテランと言われるようになった僕ですが、まだまだ新しい「引き出し」を増やしていきたい。かたくなな経験主義に陥っても、自分のさらなる成長を妨げるだけですから。

身体と心の健康のためにも結果を出していく

二〇一七年三月二二日、日本代表として戦ったWBC（ワールド・ベースボール・クラシック）が自分のミスで幕を閉じました。

ホークスの先輩でもある小久保裕紀監督のもと、三連覇を逃した前回大会の雪辱を果たすべく臨んだ大会でした。チームは決勝ラウンドまで進みまし

たが、準決勝のアメリカ戦でバッターのボテボテのサードゴロを僕がこぼしてしまって、勝ち越されました。記録上、エラーではなかったのですが、これが決勝点。しかも僕は空振りの三振で最後のバッターにもなり、世界一奪還の目標は道半ばで終わりました。

そこからすぐに新しいシーズンを迎えましたが、ずっとモヤモヤしている気持ちがあって、開幕してから一ヵ月はホームランはもちろん、まったく打てませんでした。例年打撃には波があるほうですが、あそこまで打てないのは稀だったので、とても苦しかったですね。

極度の打撃不振からの復調のきっかけは、四月末にシーズン初ホームランが出てからですね。僕のなかで、それまで、

「フライを打つ」

というイメージを持って打撃を行っていたものを、

「ライナーを打つ」

というように心掛けを変えました。

同じものでもバットの軌道を言葉で変えたことによって気持ちが変わり、そのおかげで、以降、調子が上がりました。

そこから打撃はこれまでとはうって変わり、五月には当時自己最高となる月間7本塁打、六月には史上一〇一人目となる通算200本塁打を達成し、モヤモヤが晴れました。

僕はこう見えて結構考え込むタイプなんです。意外でしょうけど。

これまでの野球人生では成功体験が多かったから救われているかな、と思いますけど、試合で打てなくなったときは、

「なんで打てなかったんだろう」

と考えてしまうタイプです。

打てなかったときの寝汗はすごいものがあります。寝ているときまでバッティングのことを考えているんでしょうね。

打ったとき、勝ったときはスーッと眠れて快眠そのものなのですが、ノーヒットのときは眠れないし起きてもぐったりとしている。結果が出ないというのは、それだけ身体と心に影響を及ぼすのだなと身に染みて思います。

プロ野球選手にはヒット一本がなによりの薬です。ヒットを一本打つと身体の疲れもふっ飛びますね。

もちろん、全打席ヒットを打ちたいですけど、トップクラスの三割バッターでも七割は失敗します。

失敗を気にしてばかりいると、心と身体がボロボロになってしまいます。なので、一〇回のうち三回くらいしか成功しないという、ある意味割り切った気持ちを持ち、その成功する三回をいかにいい内容にするか、大事な場面で出せるか。そのための準備をいかにできるかを大事にしていきたいと思っています。

一年で一四三試合、日々プレッシャーのなかでやっているからこそ、結果を出すことで心と身体への負担が減って、健康を維持することができるのだと思います。

一般社会でも、プレッシャーを感じることはたくさんあります。世の中失敗することのほうが多いと思うので、結果がすぐに出なくてつらいことがあっても、追い込みすぎないくらいでいいのではないでしょうか。まずはできることをしっかりやって結果を出すことで、心と身体のバランスを保つことが大切だと思います。

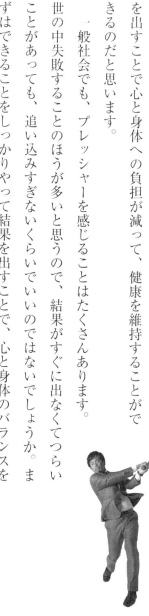

身体に覚えこませるまで数をこなす

ホークスは守備への意識がとても高いチームです。春のキャンプの内野守備練習に関しては、ホークスは一二球団のなかでもいちばん元気良く、ハキハキやっていると思います。

アマチュアの選手が見学に来ると、勉強になるとよく言ってもらえるくらい、ストイックに取り組んでいます。

また、ある方には、

「他の球団は若手がメインなのに、ホークスの守備練習はベテランが先頭に立ってノックを受けている」

と言われたことがあります。

一言でいうと、ぬるくないです。

ベテランであっても、熱く、厳しくやっています。

たしかに、ベテランは若手より技術がある分、自分のペースでケガをしないように練習する、という考えもわかります。でも、僕の場合は無意識に全力でやっています。自分のポジションを一年間守るためには、必死でやるしかないと思っています。

二〇一七年シーズンは開幕から一ヵ月ほど絶不調でした。なぜなのか、理由を考えたときに、ただただ練習不足だったと気づきました。その年はWBCがあったということもあり、日本代表としての取材対応や試合前のチームの調整に時間を割くことが多く、練習量をこなすことができませんでした。

通常なら一月や二月は自主トレやキャンプで追い込んで身体に染み込ませているのですが、それができず、ただただ練習不足で調子が上向かなかったのだとわかりました。

だからやはり、一年というシーズンをチームとして極力ミスなく守り切るためには、きつくてもノックの数を受けて身体に染みつかせておかないといけないと思います。

つらくても、キャンプ中に厳しく、数をこなすことによって、ステップや打球判断、送球のタイミングや精度向上など、良いプレーができる習慣をつけることができます。その基礎があるから、シーズン中の練習では、そこまで量をこなさなくても、一球一球を丁寧にさばくことに意識を置くことができているのでしょう。

やはり、基本の繰り返し練習は技術や自信、結果の向上につながる、一番の正攻法で近道だと思います。

基礎を地道に積み重ねるほうが早く成長する

ルーキーながら開幕スタメンを果たし、華々しくプロ野球デビューしたつもりでした。

でも、プロの世界は甘くありません。成績が振るわず、わずか二ヵ月半で二軍落ちをし、そのままシーズンを終えました。

二軍行きを命じられたときは自信を折られましたし、もう終わりだと思いました。

でも、そこで当時の二軍監督だった秋山幸二《あきやまこうじ》さんと出会えたことが転機となりました。自分の甘さを痛感して、プロとは何かを徹底的に追求しました。秋山さんがプロとしての心構えを叩き込んでくれたといっても過言ではないです。

二軍では秋山さんがつきっきりで猛特訓をしてくれて、僕の強みである長打力を伸ばす指導をしてくれました。

たとえば、数時間バットを振り続ける地道なものから、バットでサンドバッグを打ったり、地下足袋《じかたび》を履いてバッティングしたりといった、ユニークなものもありました。今思えば、サンドバッグを打つ練習はバッティングの強いインパクトに、地下足袋は地面を踏み込んだ軸足の強化につながっているのだと思います。

練習はきつかったですけど、何時間もバットを振り続けたことが今の自分に活きています。数をこなした分だけ体が覚えましたし、染みつきました。

二軍落ちは活躍への遠回りのように感じられましたが、結果的にみっちりと、何時間もバットを振り続けたことのほうがより早い成長につながったと思います。もちろんすぐに成果が出るわけではないですが、その積み重ねが今の僕を形成しています。

その後、僕は一軍に定着するようになり、秋山さんも一軍監督になって、二〇一一年、二〇一四年と一緒に日本一を味わうことができました。とくに秋山監督が勇退された二〇一四年は、リーグ優勝も、日本シリーズ優勝も僕の決勝打で決めることができたのが、これまでのプロ野球人生で一番印象に残っています。

九個の武器で勝つ

チームとしての戦い方を考えたときに、チームとして全員が同じ狙い球に絞ったり、統一した攻撃をしていると、同じ打ち取られ方で攻略されると思います。

だったら、九人いたら九人違う攻撃をしたらいい。勝つためのピースとして、九個の武器で戦ったほうが強いと思います。足が速い選手は機動力を生かし、カットのうまい選手はなるべくピッチャーに球数を投げさせたり、長打力のある選手はホームランを狙ったり。いろいろな攻撃を仕掛けてくるほうが相手にとっても嫌なはずです。

それぞれの個性を生かして、攻撃のバリエーションが増えるからこそ、相手を攻略できる。

でも逆に、それだと一貫性がないから全員が同じ戦略で統一した攻撃をしようという考え方もよく聞きます。

でも、僕は九個の武器を尊重したい。

もちろん、その日の相手ピッチャーの球の力やキレ、ブルペンの状況、配球の傾向などのデータの共有は大事です。そのうえで、点を取るという同じ方向を向いて、打者九人分の九個の武器を持って戦ったほうが、より戦略の幅が広がります。

それはきっと一般社会でも一緒で、チームが同じ方向を向いて同じ目標を共有していれば、アプローチの仕方はさまざまなほうが強いと思います。

嫌いにならない強み

僕は人生で嫌いな人とか苦手な人がいないです。そもそも、そういうことを意識して人と接したことがないですね。

こんなことを言うと、

「苦手な人ができなくなるコツは?」とか、

「他人に興味がないのでは?」

と聞かれることになりがちです。

苦手な人がいない理由はうまく説明できませんが、ただ、昔からそう感じることがありませんでした。

でも、苦手な人がいないからこそ、「熱男」としてパフォーマンスができるのかなと思います。

他の人への興味も、人一倍あります。

同業種に限らず、人の話を聞くのはとてもおもしろいので、とくにオフはいろいろな人に会って話を聞きたいと思っています。プロ野球以外のアスリートや、アスリート以外の人でも、自分の知らない世界にはとても興味があります。

オフといえば、チームが優勝すると優勝旅行でハワイに行くのですが、そこには選手の他に裏方さんの家族もたくさんやってきます。

そこで裏方さんの子供に会えるのが楽しみですね。一年でこんなに大きく

なったんだとビックリします。毎年会いたいので、毎年優勝しないといけないですね。

優勝が決まって、裏方さんが旅行を楽しみにしている顔を見ると勝ってよかったと思います。優勝が近づくと、ハワイの観光ガイドとかを用意しはじめるので、選手にとってモチベーションにもプレッシャーにもなりますね。でも、裏方さんもハワイに行きたいから、必死になって僕らを支えてくれているというのも感じます。

そういう支えてくれる人がいて僕らがいるので、嫌い・苦手という感情が生まれないのかもしれないですね。

悔しさは財産であり、原動力

山あり谷ありの二〇一八年シーズンでした。

ロケットスタートが身上の僕ですが、序盤は不振に陥り、チームも故障者が続出して波に乗れませんでした。

結果的には三年ぶりに三〇本塁打を記録して、プロに入って初のベストナインにも選ばれましたが、チームは西武にリーグ優勝を譲り、二位に甘んじ

ました。

必勝を期したポストシーズンも、レギュラーシーズン同様、得意のスタートダッシュをかけることができず、スタメン落ちという試練を味わいました。

個人成績は満足できる部分もありますが、やはり悔しい。悔しくてムカつく一年でした。

でも、野球人生もそうですが、人生のなかでもいい経験をさせてもらいました。

今回の悔しさは大きな財産です。

これまで同様にレギュラーとしてシーズンをまっとうして三五歳のシーズンも終えていたら、控えの選手の気持ちもまったくわからなかったと思います。

今までは試合に出ることは当然のことで、その上でどう結果を残すか、という考えでしたが、まずは試合に出るためにチーム内で勝ち抜いていかないといけません。

試合に出続けることの意味も大変さも改めて実感しました。

二〇一九年は見返してやりたいですね。僕としては非常にワクワクしているし、自分自身に期待しています。

三六歳のシーズンで、一般的にはベテランの域に入っています。

「松田は年齢的にも体力的にも落ちてきた」

と言われがちですが、

「爆発して見返したろ」

という野望に燃えています。もっとアツく、ハングリーに。

グラウンドに居続けることでモチベーターになれていた

二〇一八年のレギュラーシーズンは全試合に出ましたけど、前述したようにクライマックス・シリーズと日本シリーズでは結果が振るわず、試合に出られないことも多々ありました。これまでやってきた感覚と違うものを感じていましたね。

それまでは試合に出ているからこそ元気に声を出していましたけど、最初

から試合に出られなくて代打にまわったときに、やはり声を出せない自分もいました。

周りからは、クサることもなく変わらずに元気に声を出していると言われましたけど、自分のなかではぜんぜん声を出せていなかったのです。

試合の途中から出るという状況になったときに、正直に告白すれば、モチベーションは一気に下がっていましたね。

「打つ、守る、走るだけじゃなく、元気も野球選手の武器」

と思っていましたが、自分を表現する場所がないというのか。

もう「熱男」のような派手なパフォーマンスをするのはやめようかなとまで思いました。

今までは試合にずっと出ていられた幸せがあったからこそ、「熱男」として自分を表現できていたのだと気づきました。

試合に出て、声を出して、元気を出して、結果を出す。それで周りを鼓舞《こぶ》することが自分の役割と思っていましたが、それが一つでも欠けると「熱男」ではなくなってしまう、そう感じました。

若いときであれば試合に出られなかったら、たんに自分が悔しくて「クソー」という気持ちをさらけだしていれば済みますが、三五歳の今、チームのことを考える立場としては、それではダメです。だから、自分が試合に出ないときも声を出して、周囲にも気配りをすることを心がけていました。

とはいっても、やはり自分がグラウンドにいて、結果を出して、はじめて「熱男」としてモチベーターになれると再確認できたポストシーズンでした。

苦しい場面こそ周りに見られている

繰り返しになりますが、二〇一八年のポストシーズンは試合に出られなくて悔しい思いしかありませんでした。

そんなときにいろいろな方が、

「周りは見ている。そういう時にどういう振る舞いをするかによって本当の自分が出るぞ」
と、声をかけてくださいました。
たしかに、ベンチにいてもみんなが見ているのは肌で感じましたね。そこで自分がフテ腐れたような変な態度を取ってしまうと、チームの空気が悪くなってしまうので、絶対にダメだと思っていました。これも、若いときには考えられなかったことでしょうし、自分がそれだけチームに影響力がある存在になれた証《あかし》なのかもしれません。

僕がそこで自分を律して振る舞うことができたのは、ホークスというチームの伝統のおかげだと思います。秋山幸二さんや小久保裕紀さん、松中信彦さんらが示してくれた姿勢が自然と僕のなかにも受け継がれているのだと自覚しました。もちろん、そうしたホークスの強いチームとしてのモラルには、王貞治・ホークス会長の存在も大きく影響を与えています。

そういう雰囲気は柳《やなぎ》田《た》悠岐《ゆうき》や今宮健太《いまみやけんた》ら中堅世代にもう伝わっていま

す。

僕たちが育てなければいけないのはさらに若い世代、上林《うえばやし》誠知《せいじ》たちでしょうか。立ち居振る舞いで示すというホークスの伝統を、若い世代に僕ら自身が行動で示していかなければなりません。

でもやはり、僕自身もそうですが、まず試合に出て活躍することが何より大切で、控えに回ったときの振る舞いなどは思い出したくもないし、わざわざ改まって後進に受け継ぐべきものでもないとは思います。

経験や年齢は関係ない。勝つために勝負するしかない

プロに入って、いちばんの衝撃といえば一軍のピッチャーが投げるボールの凄さでしたね。速さも球のキレもアマチュアとは段違い。これがプロのレベルかと思いました。

ドラフト一位で入団したのでそれなりに自信はありましたが、入団直後はまったく打てませんでした。

一方、同い年で高卒でプロに入った今江年晶《いまえとしあき》や一学年下の西岡《にしおか》（剛《つよし》）はすでに頭角を現していて、僕がホークスに入団した年に開催された第一回のWBCに日本代表として選ばれていました。僕はプロ野球の世界に入ったばかりで右も左もわからない状態なのに、大舞台で活躍する同世代は遠い存在でしたね。

正直、最初のほうは打席に入るたびに、今日も打てないのではないかと怖さを感じることもありました。だけど、試合に出るとなるとそんなことは言っていられません。

経験があるとか、新人だとかは関係なく、開き直ってでも勝つために勝負するしかありませんでした。必死で、反骨心で食らいついて、なんとか開幕にスタメンで出場することができました。

もちろん、経験があるということは強いです。でも、経験がないからこそ必死にやるしかないのです。

それはプロ野球の世界だけでなく、一般社会でも同じだと思います。何か新しいことを始めるとき、経験がないからといって怖がっていたら何もはじまりません。まずやってみること、そして成功するために負けん気を持って、数をこなしていくことが大事だと思います。練習だけではなく、打席に入って勝負してこそ、血となり肉となるのですから。そういった勝負の繰り返しが、経験として力になるのだと思います。

ケンケン打法の極意

すっかり「熱男」が定着しましたが、「熱男」をやりはじめる前から、プロとして自分のキャラクター作りというのは意識していました。

僕には空振りした後やファウルを打った後に片足でケンケンするクセというかルーティンがあるのですが、じつはそれも最初は個性作りのつもりで始めました。

「松田宣浩という選手は片足でケンケンしている」

というようなイメージで覚えてもらって、キャラクターとして認知されたらいいなというのがありましたね。

やるようになったのは、レギュラーとして全試合フルイニング出場した二〇一一年か、その前の年くらいからだと思います。僕のような選手は成績にあまり特徴がないので、イメージや印象で存在感を示していこうと思って始めました。

しかも後々よく考えると、あれをしているほうが調子がいいというのがわかってきました。上半身と下半身、身体のバランスを確認できる感じがします。スイングしたときに身体がピッチャー方向に突っ込みすぎない、軸足に重心が残っているからあのケンケンになるのです。

今ではあのケンケンは調子のバロメーターなので、わざとやることはありません。

でも、二〇一四年の日米野球では、メジャーリーグ選抜の選手が試合前の

練習中にあのケンケンを真似してやってくれたことがあって。僕もそれに応えてケンケン打法を披露したのですが、メジャーの選手たちも楽しんでくれたみたいで、すごく嬉しかったですね。

つまり、最初はキャラ作りのために始めたことだったけれど、始めてみたら予想外のいい結果がついてきました。やってみてよかったですし、やってみないとわからないものですね。

後輩に「やらせる」のではなく、先輩が「やる」

下級生がグラウンドの整備をしたり、雑用一般をするのが、学生スポーツの常だと思いますが、亜細亜大学野球部は逆でした。一・二年生が先に練習を終えて、三・四年生が残ってグラウンドを整備する、というのが伝統としてありました。上級生は「後輩が使いやすいグラウンドに」と、後輩を思う気持ちが強くなりましたし、後輩だったころには「先輩にやってもらってい

る」という、感謝や尊敬の念が芽生えたものです。

近ごろの若手経営者の方のなかには「働いてくれている従業員への感謝」という言葉を用いる人が増えてきたように思います。これは、亜細亜大学野球部に通じる理念のような気がします。一方で、露骨に「使用人風情が」と言い立てるようなタイプの経営者も少なくありませんよね。

どちらの経営者が正しいかというのは一介の野球選手である僕にはわかりませんが、亜細亜大学野球部の例で言うなら、上級生と下級生、より練習が必要なのは下級生です。なので、上級生が雑用をやるのはチームとして合理的です。僕は「勝利」という目的に対して自分自身が納得できるチーム運営がなされている組織のほうがやりがいがありますね。

個人しか尊重しなくなったらおしまい

野球はチームスポーツですけど、プロ野球の球団は個人事業主の集まりともいえます。チームが勝たないことには意味がないし、チームが勝っても個人の成績が振るわないと叩かれてしまう。

でも、結局年俸とかの評価につながるのは個人の成績です。だからこそ個人成績優先に走りがちになってしまいますが、それしかなくなったらチームとしておしまいかなとも思います。

勝つためにはチームプレーに徹しないといけない場面もありますし、やはりチームが優勝するということが一番の目標です。個人の成績がよくてもメディアで取り上げられるのは優勝したチームばかりです。

理想は全員の個人成績が抜群で優勝することですけど、なかなか難しいですよね。いくら個人の成績がよくても優勝できないことには、チームを支えるスタッフさんに恩返しをすることができません。

ただやはり、勝つために個人個人がそれぞれの持ち味を発揮してベストを尽くすという気持ちが一番だと思います。自分のためだけでなく、チームのためにも。

さまざまな人のノウハウを吸収する

今思えば、プロに入ったころの自分の守備は見られたものじゃなかったですね。ホークス入団当時の自分の守備を撮影した映像を見ると、ギクシャクしているというか、動きがぎこちなかった。エラーもたくさんしました。

振り返ってみれば、技術も自信も足りなかったのだと思います。

今ではゴールデン・グラブ賞を七度もいただけるようになりましたけど、それはやはり、コーチ陣のおかげです。

入団以来、守備については四人のコーチに教わってきて、それぞれのコーチのノウハウが自分のなかに加味されて、だんだんとうまくなってきたと思っています。

やはり、プロのコーチの方々はたくさんの選手を見てきているので、自分一人では気づかないアドバイスをしてくれます。それぞれのコーチの視点があって、いろいろな考えがある。

自分のスタイルに固執してむきになって人の意見に耳を貸さないのは、自分の成長を妨げることになるだけです。コーチも、僕に上手くなってほしいからこその指導なので、僕は積極的に取り入れるようにしてきました。その結果が、ゴールデン・グラブ賞につながったのだと思います。

ただ、努力はもちろんしました。キャンプやシーズンでも、だれよりもいちばんノックのボールを捕ってきたと自負しています。

そのくらい貪欲にやってきましたね。

失敗して
照れ笑いする前に
やることがあるだろう

選手の中にはエラーや三振をして、照れ笑いや苦笑いをするような人もいますが、これは僕としては許せません。

「照れ笑いをする前にやることがあるだろう」

「もっと悔しがれよ」

と思いますね。失敗に向き合いたくないというか、自分の実力不足を認めたくないのでしょうけど、厳しい言い方をすれば、それが今の実力です。向き合わなければ、いつまでも進歩しない、そう思っています。

僕自身、二〇一七年のＷＢＣでは自分のミスで日本は負けてしまった、自分は戦犯だと思っています。正直、直後はそのことばかり聞かれて辛かったですが、それで負けているので仕方ありません。

ＷＢＣでミスをした映像は何度も見返しました。すぐには無理でしたが、後になってから冷静にあの時の反省点に向き合うことができるようになりました。

今思えば、あの大舞台の重圧の中で経験値を上げさせてもらって、すごく得るものがありました。

逃げずにミスと向き合ったことがその後の成長につながっていると確信しています。

指導力がない人ほど力に頼る

高校野球が終わってからの、二〇歳前後ってイケイケでいきたいところですよね、本当は。

最近はアマチュアスポーツのパワハラが社会問題になっていますが、指導者から学生への過度な圧力、先輩から後輩への暴力など、閉ざされた社会で人の心が弱くなると、そういった誤った人間関係に走りやすくなるのでしょ

う。

でも、亜細亜大学野球部ではコーチや監督がしっかりと野球だけでなく人間性を含めて教えてくれたので、僕自身すごく勉強になりましたし、プロ野球選手として社会に出てからもプラスになりましたね。

人としてのマナーというか、野球選手である前に人間ですから。

それに、自分を律して他者を思いやることができない人間は、どんなに優れた才能を備えていても野球選手としても大成はしないでしょう。

意見の食い違いや結果の出ない状況を、暴力とかパワハラで解決しようとする人もいると聞きますけど、それってしっかりと教えることができないからそういうものに頼ってしまうのだと思います。また、しっかりと教えてくれる人がいなかったからそういう人が生まれてきてしまうのでしょう。

自分の身体に向き合う

よく気分転換の方法とか、どうやってリフレッシュしているのかと尋ねられますが、僕の場合は、一日ユニフォームを着ないだけでも気持ちはリセットできますね。

気持ちの切り替えも、試合後にその日の映像やデータをチェックして、自分であれこれ考えたら、それでもう済んでいます。

身体に関して、若いときは、ただ、

「野球して、身体を鍛えて、ご飯を食べて寝よう」

でしたけれど、それだと長持ちしないことに気づきました。

身体のケアの大切さを、三〇歳を過ぎてから、ここ三、四年で思い知りました。やはりケアしなかった選手は見ていても現役生活が短いですね。

逆に自分の身体に向き合ってケアしている選手は現役生活が長いです。身体は正直なので、三〇歳前に一度ガタッときて、三三歳くらいでまたガタッときて、三五歳でさらにガタッときて、ガタガタガタとあっという間です。

僕は二〇一四年に骨折をしてチームを離れたことがあります。

選手会長に就任した初年度ということと、そのときはオリックスと優勝を争っていたので、

「自分がいない間に負けたらどうしよう」

と責任を感じていました。打球が直撃してのケガなので防ぎようがないのですが、離脱することの怖さを思い知りました。

若いころもケガで抜けたことはありますが、そのときはチームに迷惑をかけるというより、だれかにポジションを取られるのではないかという気持ちのほうが強かったと思います。

結局、二〇一四年の骨折のときはシーズン終盤に復帰。

勝てばリーグ優勝、負ければオリックスが優勝というシーズン最終戦で、延長の末に僕がサヨナラヒットを打って、優勝を手にしました。

阪神との日本シリーズを制することもできて、チームとしては結果的によかったのですが、身体のことについては考えさせられるようになりました。

チームのためにも、自分自身のポジション確保や長く現役を続けていくためにも、自分の身体に向き合ってケアしてあげることはとっても大事です。

野球選手でなくても、やはり加齢とともにセルフケアは大事になってくると思います。自分自身のためにも、周りの人のためにも。プロとしての心構えはどんな職業でも同じでしょうね。

強いチームを生む循環が

ホークスというチームにおける僕の役割は、選手全員がやりやすい環境を作ってあげることだと自覚しています。

柳田とか今宮とか中堅どころがグイグイと結果でチームを引っ張ってくれたら、甲斐拓也《かいたくや》とか上林とかその次の世代がそれを見て感じ取ってくれるはずです。

僕は自主トレに若手を連れて行きましたが、僕と同じような年齢やキャラクターの人間が集まっていくのと違って、とても刺激になりました。僕が松中さんから教わったことが多いように、若い選手にとっては年の離れた先輩から吸収することも多いと思います。

先輩から学び、次の世代に伝えていく、そういう世代的循環が強いチームを作ると信じています。

勝負ごとこそ根拠が必要

僕は感覚でプレーしていると思われがちですが、それはあくまでデータがあった上での感覚です。

データがすべてというわけではないですが、データを傾向として頭に入れて打席に立つのと、ノーデータなのとでは結果が違ってくると思います。たとえば、このピッチャーは初球ストライクが多いのか、それとも外して入るのかとか。

年間一四三試合もあるのだからこそ、それだけ傾向が出やすいので、データは重要です。

よく、「積極的に挑戦するのならば失敗してもいい」という考え方を聞きます。勝つための作戦として、「あり」だとは思いますが、根拠がなくてやるのであれば、「なし」だと僕は考えます。勢いだけで、出たとこ勝負でやっているなら、冷静さを失ってしまっていると思いますね。

攻める姿勢はチームの戦略としては素晴らしいことですけど、無謀に挑戦することは褒められたやり方ではない気がします。

勝負ごとだからリスクを取ってやらないといけないこともありますが、リスクがあるからこそ挑戦には根拠がないといけない。そこをはき違えては、ただ無謀な挑戦をしただけで満足してしまい、成功するにせよ失敗するにせよ、その後のプレーの財産とはならないのではないでしょうか。

スタートダッシュが成功を呼ぶ

僕はスタートダッシュ派です。春先に爆発して、最初に貯めたものをシーズンが進むに従ってドンドン減らしていくタイプなんです。

いつも四月、五月は打率もホームランも上位にいるのに、そこからシーズン終盤にはいつもの位置に落ちていく。

僕は短期決戦に強いとか日本代表で強いという印象があるとよく言われます。それは、一、二試合目でバカスカ打って印象を良くしているからでしょう。二〇一七年のＷＢＣ初戦、キューバとの一戦でも、チーム第一号の本塁打を打ちました。「お祭り男」とも言われますし、そういうイメージがあるから使ってもらえていたのだと思います。

なのに、二〇一八年はそれができなかったＣＳと日本シリーズでした。

ＣＳのファーストステージは北海道日本ハムファイターズ戦。ところが、いつものスタートダッシュがかけられず、九打席無安打。最終三試合目の一〇打席目にようやく初安打が出て、それがホームランでしたが、結局ファーストステージ三試合では12打数２安打の打率・１６７に終わります。

ファイナルステージの西武戦でも、最初の二試合で９打数２安打と、またもつまずきました。内容も悪く、三振が四つ。

ホークスは今や勝つことを宿命づけられたチームです。戦力は豊富で優勝経験も他チームより勝る。そのなかで主力として出場し続けているという誇りもありました。

しかし、二〇一八年の西武は圧倒的な打力を誇り、神がかり的な逆転劇を次から次へと演出してきたチャンピオンチームです。挑戦者のホークスには余裕などありません。

チームはファイナルステージ初戦を10－4で勝利したものの、第二戦では5－13と大敗。第三戦を落とすと西武が日本シリーズに王手をかけます。ベンチは苦渋の決断だったと思います。

僕は日本シリーズ進出の行方を左右する大事な試合でスタメンを外れました。

第三戦以降は代打での出場となりましたが、ノーヒットでチームに貢献することができませんでした。それでもホークスは三連勝を飾り、リーグ王者の西武を破って日本シリーズ進出を決めます。

今まで「スタートダッシュに強い」というイメージを築いてきて、それが短期決戦での起用に一役買っていたところはあると思います。そのイメージというのは、仲間にとっては心強く、相手にとっては脅威となる、効果的なものです。

だからこそその印象は大事にしていきたいのに、全く結果の残せないCSとなりました。

プロ野球人生で一番の悔しさを噛みしめましたが、この悔しさをバネに、これからのシーズンは、常にスタートダッシュを決めて成功を呼び込みたいと思います。

成功の感覚が人を成長させる

振り返れば、小・中・高・大学と、アマチュア時代はプレッシャーのなかで野球をしてきました。とくに高校野球は負けたら終わりというプレッシャーがありましたね。

でも、逆に言えば勝ったら甲子園に行けるというのは最高のモチベーションでもありました。ゲームセットまで甲子園に出られるチャンスはあるので、そこでチャンスを摑むか摑まないかは自分たち次第。

そうしたなかでもプロ野球選手になれる人は一握りしかいません。だからこそ、プロ野球選手になったからには常にプレッシャーとの闘いです。そのプレッシャーをはねのける気持ちと準備は大事だと思っています。

人間なので失敗するのは当然だと思います。ただ悔いを残さないように全力でやりたいという思いは昔から変わらずあります。

そういったプレッシャーがかかるなかでモチベーションを保てたのは、子供のころの嬉しい成功体験があったからだと思います。

子供のころ、はじめてホームランを打ったときの手の感触や、周りが喜んでくれた光景がいまだに目に焼きついていて、そういった感覚をもう一度体験したいという思いが、僕を衝《つ》き動かしてきたと思います。

高校のときは二年生で甲子園に出場したものの、僕のエラーで敗退。もう

一度あの場所に行きたいと練習に励みましたが、三年生のときは甲子園出場を果たせませんでした。

大学時代は一年生から大学日本代表に選ばれて、和田《わだ》（毅《つよし》）さんや鳥谷《とりたに》（敬《たかし》）さん、村田（修一）さんなどそうそうたるメンバーと一緒にプレーすることができて、そのときに初めてプロになれると確信が持てました。

プロになってからは、最初はエラーばかりでしたが、練習を重ねて二〇一一年にはじめてゴールデン・グラブ賞をもらうことができました。チームとしても日本一になることができて、その嬉しさが僕の原動力になってきました。

失敗体験ももちろん大切ですが、感情を爆発させるほどに嬉しい成功体験の積み重ねがあって、僕自身が成長できてきたと思います。

ゼロから脱皮する

プロ入り一年目を迎える二〇〇六年の春に初開催されたWBC。大学時代に日米大学野球の代表に選ばれているものの、プロ野球のトップが集まる大会は異次元だと感じていたので、あの当時はWBCの日本代表なんてまったく意識してなかったですね。だからその次の二〇〇九年大会のときも、なんとかプロ野球では通用するようになってはいましたが、まだまだ

そのレベルではないと客観的に観戦していました。

その後、二〇一〇年くらいからですね、個人成績が上昇し、自信がついてきて、はじめてWBCを意識できるようになったのは。

二〇一三年の第三回大会で代表に初選出され、侍ジャパンのユニフォームに袖を通したときは、

「かっこいいなぁ。似合っているかなぁ」

と何度も鏡に映る自分の姿を確認しました。嬉しかったですし、誇りでしたね。

二大会連続で選ばれた二〇一七年の第四回大会では、新たな感情が芽吹きました。

前回は稲葉《いなば》（篤紀《あつのり》）さんや松井稼頭央《まついかずお》さんといった偉大な先輩たちがプレーヤーとして出場していたので、僕は自分のプレーにだけ集中していました。

でも今回はほとんどが僕より年下の若いチームなので、チームの中心としてまとめていかなければいけないという使命感がありました。

結果は僕のミスもあって準決勝敗退となりましたが、多くのことを学ぶことができましたし、この雪辱は必ず次のWBCで果たします。

WBCの第三回・第四回に二大会連続で選ばれたのは、僕と巨人の坂本《さかもと》勇人《はやと》、日本ハムの中田翔《なかたしょう》、同じホークスの内川聖一《うちかわせいいち》さん、元西武でパドレスの牧田和久《まきたかずひさ》、西武から二〇一八年のオフに巨人に移籍した炭谷銀仁朗《すみたにぎんじろう》の六人だけでした。そのくらい連続で代表に選ばれるのは難しいのです。

日本代表に選ばれるまでは自分には関係がないと思って見ていた世界が、一度体験すると、

「もう一度選ばれたい」

「次はこうしたい」

と思うようになるものです。

同様に、ベストナインは二〇一八年シーズンではじめて受賞することができましたが、一回受賞すると二回目、三回目と、何回も体験したくなります。

オールスターも、ゴールデン・グラブ賞も同じです。

ゼロを一にする作業は、一を二にする作業より大変です。

でも、この達成感は経験しないとわからないし、経験した人だけにしか見えない世界があります。一度実績を作ると、次のステップに行きやすいですし、進もうとがんばれるものだと思います。

やはり、こういったいろいろな成功体験が増えていくことで自信になり、その快感をもう一度味わいたいと自らを鼓舞してきたことで、選手としてより成長できたのだと思います。

専念することでチームに貢献できる

「松田と今宮（健太）で三遊間が安定しているからチームの成績が良い」という言葉をいただいたときは嬉しかったですね。チームとしては計算できる、安定している、そういう核となる選手がたくさんいることが強さのポイントなのではないでしょうか。

僕としては、ポジションは変えずに、三塁手なら三塁手で専念したほうが良いと思っています。最近は複数のポジションを守らせたり、コンバートを頻繁にするチームもありますが、僕は懐疑的です。

ユーティリティー・プレーヤーということは、レギュラーではないということです。

レギュラーを取れていなくて、一軍を狙っている選手は、複数ポジションということは強みになるかもしれませんが、レギュラーならユーティリティーである必要はありません。

僕は今まで一つのポジションを極めようと思ってやってきましたし、ベストナインやゴールデン・グラブ賞も一つのポジションを極めないと取れません。メジャーリーグではユーティリティーが必要と言いますけど、それはメジャーの試合数が多いからであって。メジャーであればユーティリティー・プレーヤーも高い給料をもらえますが、日本だとレギュラーなのか、控えなのかで年俸の差は歴然です。

チームのためには使い勝手のいい選手は必要だと思いますが、ふだんと違うポジションを守ることによってプレーや調子が狂いますし、ストレスがかかってメンタル面にも影響を及ぼすことがあります。

企業でも、やたらと配置転換を繰り返す組織は、なんだかギクシャクするものではないでしょうか。複数ポジションに対応できる、理解があるということは悪いことではないですが、他社に勝るようなエキスパートが育たないということでもあるのではないでしょうか。

個々の選手のパフォーマンスを安定させることが、長いシーズンを安定して戦い抜くことにつながります。

僕としても、これまでどおりサードに専念してベストなプレーで貢献したいと考えています。

その年代にあった「上司の言葉」を大切にする

僕がプロ入りしたときの監督が王（貞治）会長です。

王さんは、

「自分で道を切り拓け」

と言葉をかけてきてくれました。まだ実績も何もない若手でしたけど、やってやろうという気持ちになって、王さんの監督ラストイヤーにはレギュラーに定着することができました。

その後の監督だった秋山（幸二）さんは、

「ホームランとかいい結果を出すためには熱い心がないとダメ」

と教えてくれて、僕が「熱男」としてみなさんに認めてもらえるように後押ししてくれましたね。

今の監督の工藤《くどう》（公康《きみやす》）さんには、

「楽しくやってくれ」

と言われています。ベテランとして、油断や驕《おご》りではなく、良い意味の余裕を感じながら、プレーをさせていただいています。

プロに入って一三年、新人・中堅・ベテランと、それぞれの年代に合った「上司の言葉」に出合うことができた僕は幸せ者だと感じています。

「だれかになりたい」ではなく「トップになりたい」

学生時代の僕にも当然、憧れというのはありましたし、今でも尊敬する野球人はもちろんいます。チームメイトだった松中信彦さんや秋山幸二前監督のように尊敬する人、巨人の長嶋茂雄元監督のように憧れる人。長嶋さんは選手としての姿は生では見たことがありませんが、雰囲気というかオーラでしょうね。

ただ、僕はだれかになりたいというのはないですね。

ひたすら、トップになりたいんです。

自分とだれかを比べているうちはダメだ、自分がトップになればいいんだと思っています。

二位じゃダメなんです。

「日本一」といえば富士山とか琵琶湖とかが思いつきますが、「日本二位」と言われると思い浮かびません。やはり、一位でないと覚えてもらえません。

三塁手のなかでトップじゃなければ試合には出られません。日本代表にも呼んでもらえません。

だから、トップになりたいんです。

でも、大学時代から阪神の鳥谷（敬・当時早稲田大学）さんはお手本にさ

せてもらっています。大学時代に日本代表で一緒になって、そのとき鳥谷さんは三年生で僕は一年生だったので、これは憧れの存在でしたね。プロに入ってからも見習うべき部分が多いです。もう連続試合出場の記録は途切れてしまいましたが、チームに欠かせない存在として、ずっと試合に出続けるという姿勢がかっこいいですよね。僕も試合に出続けることにこだわりを持っているので、リスペクトしています。

野球選手以外の方にもお会いすることはありますけど、その道で成功している人はちょっと独特な雰囲気があるなと思いますね。だから成功しているのだろうなと思いますけど、人とは違う、一本筋が通っている感じがします。

二〇一九年のグアム自主トレの際には、知り合いの紹介でキング・カズ(三浦知良《みうらかずよし》)さんにお会いしました。僕はプロ野球選手になって、ものすごい方々にたくさん会ってきましたけれど、そのなかでもカズさんは緊張しましたね。とんでもないオーラがありました。でも、僕らに対しても低姿勢で接してくれて、すごい器の人だなと惚れ惚れしました。

どのような職業でもそうだと思いますが、トップを目指したいとか、憧れの人になりたいとか、しっかりと次の自分をイメージすることで結果に結びつくと思います。

こうしたい、こうなりたいという気持ちは大きいですし、成功につながりやすいです。心を準備しておくことで身体の反応も変わってくるんですよね。逆に、心が整理できていないと、身体の反応もにぶくなります。

だから、いつでも万全の身体で動き出せるように、目指すイメージを常に持ち続けたいと思っています。

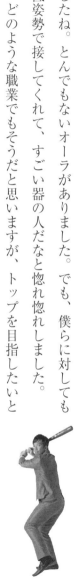

チームの中心であり続ける

楽天から二〇一七年にトレードで移籍してきたテツ（西田哲朗《にしだてつろう》）が試合前の円陣でする声出しがおもしろくて、盛り上がります。

円陣で声出しする選手は順番で決まっているのですが、僕がチームの雰囲気とかを見て急にテツに無茶振りしたりもします。だからテツはいつ振られてもいいように小ネタを準備しているみたいですね。逆に、テツに振ると予告しておいて、振らないときもあります。

僕はホークスでも代表でもオールスターでも、円陣を仕切ることが多かったです。話すこともなくなりますけど、やり続ける。

企業の管理職の方でも、朝礼とか会議とかで、しょっちゅう話をしていると話すこともなくなると思いますが、その場で話すということ自体が大事なことだと思いますね。

プロになってから年々結果が出て、チームの中心になったからそういう役割を任せてもらえる立場になったということだから、そこは期待に応えていきたいし、円陣の中心に居続けられる存在でありたいと思っています。

調子の波が少ないのが一流の証

弱いチームは戦術や選手起用など、采配に一貫性がなくて、いいときが続かないものです。それなのに、またすぐ変えたがって悪循環に陥るところがありますよね。

芯がないというか。

野球は一年間というシーズンを戦い続けるスポーツなので、「これ」というものがないと続かないのです。若い選手にはとくにその傾向がありますけど、一ヵ月は調子がいいけど、二ヵ月、三ヵ月となると、弱点を研究されてしまい、攻略されて結果を残せないということが多いのです。

僕に言わせれば、芯がないから調子の波が激しいわけです。その調子の波を小さくできる選手が一流ですね。それには経験に基づいた自分なりの理論、日々のトレーニングの積み重ねによるフィジカル面の安定、反復練習で身体に染みつかせたファンダメンタルが必要になります。日々のルーティンが芯を作っていくのだと思います。

ホークスの若手でいえば、「甲斐キャノン」で（甲斐）拓也が二〇一八年にブレイクしましたけど、真価を問われるのはこれからです。いっときだけ輝いた人ならたくさんいますが、僕としては三年安定して成績を出し続けて

はじめてプロとして一段上のレベルに行けると思っています。

とくに拓也の場合は昨シーズンすごく注目されたので、このレベルまできて当然というふうに世間の見る目が変わります。さらに相手も研究してくるので、今まで以上の努力が必要になります。もちろん期待されているし、ガッツのある選手なので、ぜひがんばってほしいですね。

常に自分たちが最高峰にいるイメージを持つ

中学生のときから、ちょっと自分とは違うというのか、次元の高い選手のプレーを注意深く見るような癖がついていました。

楽天の今江年晶や西武のおかわり君（中村剛也《なかむらたけや》）は同学年なので、中学生のときから意識して見ていました。体の大きさも技術も、僕とはレベルが違ったけれど、いつか追いつきたいと思っていました。

高校生のときは、自分たちのチームが甲子園に出場できなかった大会にはテレビで観るのではなく、甲子園球場まで試合を観に行っていましたね。

二年生のときに甲子園に出場したものの、初戦の沖縄県立那覇高校戦で、延長にもつれこみ、自分のエラーで負けてしまいました。

もちろん悔いは残りましたが、主力のほとんどは下級生で、自分たちは来年も甲子園に出て「やり返す」という意気込みをもっていました。ところが、三年生の最後の県大会では負けてしまい、甲子園には出られませんでした。

もう出ることのできない甲子園ですが、あえて観に行きました。大舞台で活躍する選手を見て、自分たちもこういう場に行くんだ、と心を奮い立たせていました。負けたままでは終われない、これからの野球人生で、必ず自分もこういった大舞台で躍動する選手になるという熱い気持ちを持ち続けるためです。

外されても
常に
臨戦態勢

ベンチスタートが多かった二〇一八年の日本シリーズ。

僕が試合に出ていないことが珍しいので、ベンチにいるところをテレビのカメラに抜かれることが多かったです。

「松田選手、準備していますね」って。

ボーッとしているようなところを映されるのも癪《しゃく》なので、ベンチではわざとバットを持って待機していました。

これについては正直、試合に出たいというアピールではありません。ただ、何もしなかったらテレビにも映らないので、バットを持っていました。

人によっては、試合に出られなくてフテ腐れているように見られる姿は撮られたくないと思うかもしれませんが、僕は逆にポジティブな姿を発信したほうがいいと思います。そのほうが、チームメイトやファンには頼もしく、相手チームには恐ろしい存在と映るからです。

もちろん、試合に出られない悔しい気持ちを押し殺して、そういう役に徹するのは歯がゆい気持ちもあります。

控えとしてベンチにいるときこそ、エネルギーを使いますね。ジレンマを抱えながら、それでも周りを気にしないといけないので、終わった後はいつもより疲れます。普通に試合に出ていて、結果が良くて事なきを得て一日が終わると、全身を使っているのに不思議と疲れません。

それはたぶん、いらないエネルギーを使っていないからなのでしょう。

気遣いでエネルギーを消費するのではなく、試合でのプレーに全エネルギーを使いたいと、身に染みて体験しました。

パフォーマンスをするために結果を出し続けていく

二〇一七年のＷＢＣの初戦、超満員の東京ドームで侍ジャパンのチーム第一号のホームランを打ったときは、すごく印象的でした。

国際試合だから「熱男」のように相手を挑発しているとみなされるポーズはやらないと決めていたのに、ダイヤモンドを回ってベンチに帰って、笑顔の小久保監督とハイタッチしたときに、思わず「熱男～！」が出てしまいましたね。

東京ドームというジャパンのホームスタジアムだったので、他球団のファンも含めたジャパンを応援してくれる人たちが、球場全体で一緒に「熱男」をやってくれて、すごく盛り上がりましたし、感動しました。ホークスファンという枠を越えて、日本中の野球ファンと一体感を味わえて、興奮しましたね。

国際試合では挑発行為は報復を招きかねませんから、本来はやってはいけません。でも、僕自身としてはやってよかったなと思いますし、待っている人がいるのだなとわかりました。

もちろん、オーバーなパフォーマンスをするなとたしなめられることもありますよ。

でも、あの瞬間の「熱男」という言葉は自然と気持ちから溢れてきたもの

で、成功した者だけが味わえるパフォーマンスだと思っています。

パフォーマンスにはリスクも伴います。結果が出なかったら、見られ方も変わってきます。

「あいつ、打てないのにパフォーマンスだけは立派だな」

って。だから、自分自身にプレッシャーをかけるためにも「熱男」のパフォーマンスを行っていますし、それだけの思いでやっている「熱男」なので、気持ちはめちゃくちゃこもっています。

本末転倒かもしれませんが、「熱男」をやるために結果を出し続けていく、そのくらいの覚悟でやっています。

引きずらない、気をそらさない

選手のなかには前の打席のミスを引きずって次のイニングの守備をしている人も多いです。

でも、そういう人ってエラーしがちですね。

守っているときに前のイニングの打ち損じのことを考えていたら、守備に全力で向き合えるわけがないのです。だからホークスでは、

「グローブを持ったらバッティングの構えを絶対にするな」

と言われています。

案外、守備でポジションについているとき、前のイニングのチャンスで凡退した選手が首をかしげながらスイングの確認をしていたりするものです。試合中は悪い流れを断ち切るためにも守備は守備、バッティングはバッティングで切り替えて集中しないといけない。ミスの反省は、イニングが終わってベンチに下がった後とか、別のタイミングですればいいのです。

僕の場合は、スイッチを切り替える場を設けています。

ホームの試合では試合直後にベンチ裏の資料室といわれるデータチェックルームに行って、ビジターのときはホテルの部屋でその日の試合のデータ、映像に目を通します。

「なんでこの球を打ち損じたんや？」

って。いろいろな角度の映像を見て、その試合の結果を、自分の感覚と客観的資料を照らし合わせて見返すことで気持ちの切り替えは済みます。

先発投手なら週一回の登板までに調整ができますが、野手は基本的に毎日が試合。思うような状態でないことを引きずっていると、それはさらなる重圧に変わりかねないのです。良くない思いが尾を引くと、もっと状態が下がっていくこともあります。

打者の場合、七割失敗すると言われています。

だからこそ、毎打席、毎試合の切り替えが必要です。その失敗が最後ではなくて、毎日、毎打席取り返せるチャンスがあるのですから。

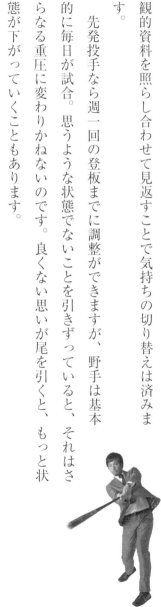

日々やっていることしか本番で出せない

今でも忘れられないミスがあります。二〇一七年のＷＢＣ準決勝、雨のドジャースタジアム、アメリカとの一戦のことです。

１－１で迎えた八回一死二、三塁でした。打者ジョーンズのゴロを、僕がうまくさばけず、一塁アウトのみ。三塁ランナーが生還して勝ち越されました。

これが決勝点となり、日本は1－2で負けました。記録上はエラーではなかったのですが、あれは僕のミスです。

「たられば」ですが、もっと早く準備を始めておけばさばけていたとも思います。あのときの映像を何度見返しても、

「もう少し早くバッターに意識を集中しておけばよかった」

という答えに行き着きます。ふだんからその意識を全球で続けていないと、ああいった場面で落ちついてさばくことはできないのだと、改めて痛感しました。

プロは結果の世界です。練習中に声を出したり、キビキビとやることがすべてというわけではないですが、それをやるからこそ本番で同じことができます。

結果は一日一日の積み重ねなので、僕はあのミスがあったからこそ、もっと守備練習をがんばろうという気持ちになりました。

気持ちの良くない経験ではありますが、ほかの人にはない経験をさせてもらったと思っています。

周りを見渡すと、

「そこ、抜くところじゃないよね」

という練習をしている選手もときどきいます。そういう選手はやはり、ここぞというときにミスをしている印象があります。

ピンチでのアドバイスは細かくないほうがいい

小久保（裕紀）さんに、

「ピンチのとき、ピッチャーはマウンドで孤独だから、野手が駆けつけてあげる。かける言葉がその場に相応《ふさわ》しいのか、正解なのかはわからないけど、行くだけでピッチャーは勇気づけられるから、とりあえず行きなさい」

と言われたことがあります。

だから僕はそういうときにはとりあえずマウンドに駆け寄ります。僕の場

合、技術的なことは何も言わないけど、

「さぁ、がんばろうか」

と一言、声をかけています。

そういう追い込まれた局面で細かいことを言ってもうまく伝わらないし、メンタル的にちょっと空気を変えることが大事だと思います。もちろん、しっかり守るからな、というメッセージを伝えてピッチャーが一人ですべてを背負うようなプレッシャーを感じることを防ぐ意味もありますよね。

これは一般社会でも同じだと思います。

具体的なことなどはわからなくても、声をかけることで救われる気持ちもあると思います。

ピンときたものは採用する

もう一〇年ほど前のことですが、あるときテレビで、ニューヨーク・ヤンキースのデレク・ジーター選手が特集されているのを見ました。彼が、

「ウエイトトレーニングは試合前にしかやらない。刺激を与えて、鍛えたところを野球に生かす」

と言っていたことが自分のなかにスッと入ってきました。すぐにメモし

て、ふだんのルーティンに取り入れるようになりました。

それ以降、僕は毎日試合前にウエイトトレーニングをしています。重い負荷はかけないですが、刺激を与えて野球に生かす。それが二〇〇八年くらいからだと思うのですが、そのおかげで骨折のような骨のケガはあっても、肉離れや筋断裂のような筋肉のケガはなくなりましたね。

二〇一九年のグアム自主トレもひらめきで水泳のトレーニングを取り入れてみました。トレーナーさんに相談してメニューを考えましたが、とてもよかったです。一月のグアムだからこそできるメニューで、心にも身体にもいい影響がありました。

二月になるとチームのキャンプで野球ばかりになりますが、一月はいろいろな人に会ったり、新しいトレーニングをやってみたりと、人としても新しい発見がありますね。

そういった、日々の生活のなかで、ふとした瞬間に心に響いた、自分のなかで腑に落ちたものは積極的に取り入れるようにしています。

経験を重ねるにつれ自分の形ができて、新しいものを取り入れることに否定的になってしまいがちですが、新しい発見がいい流れを生むことがあります。僕のなかで大まかな一日の流れ、ルーティンは決まっていますけれど、かたくなに固執する必要はないと思っています。

それは僕と同じ世代の方々にも言えることでもあります。

まだまだ自分には「のびしろ」がある。そう信じています。

分岐点を自覚する

僕自身の人生の分岐点は、全試合初めてフル出場してチームが日本一になった二〇一一年のオフから翌シーズンにかけてですね。

ちょうどその年のオフにホークスからメジャーに移籍することになったムネさんからムードメーカーのキャラを引き継いで、意識して自分を変えられたということが良かったと思います。ムネさんがメジャーに行ってなかったら今の僕はいないですね。周りに声をかけたり、ベンチでも人一倍声を出したりといった役割は、ムネさんにおんぶに抱っこだったと思います。

僕の場合は今でこそモチベーターと言われることが多いですが、それまではどちらかといえば寡黙なタイプでした。ムードメーカーとしてやっていくうちに、そういったチームを盛り上げる能力がついてきました。

人間って分岐点があると実感しましたね。

だから信頼する先輩が転職や転勤、人事異動などで自分のそばから去っていくとき、なにかその組織における「役割」を託されたときには、しり込みせずに引き受けてみることです。そうすると、今までとは違う景色が見えてくる場合もあります。

なので、そういう瞬間が訪れたら、自分が変われる良い機会だと自覚したほうがよいと思います。

ベンチから駆けつけた胴上げは遠かった

二〇一八年、レギュラーシーズンを二位で終えながら、ＣＳと日本シリーズを勝ち抜き、チームは二年連続の日本一になりました。だけど、僕自身はおそらく記憶にある限りではじめて、ベンチから胴上げに参加しました。

悔しかったですね。

二〇一七年の横浜DeNAベイスターズとのシリーズも、その前の二〇一五年の東京ヤクルトスワローズ、二〇一四年の阪神タイガースとのときも、今まではすぐ近くのサードのポジションから駆けつけて、その中心に自分がいたのに。

優勝を決めた第六戦はスタメン出場どころか、代打でも起用されることがありませんでした。その日の試合で初めてダイヤモンドに足を踏み入れたのが、胴上げでした。ベンチから胴上げの輪に駆け寄るとき、そこまでの距離がひたすら遠く感じられましたね。

「こんなに遠いんや。もう行かんでおこうかな」

と、半分冗談ですが、そう思いました。

今までは胴上げでもビールかけでも、歓喜の輪の中心にいたのに、入っていけなかったですね。チームが優勝してものすごく嬉しい気持ちと、純粋に

喜べない気持ちが入り乱れていました。

おそらく野球人生で初めて、ベンチから駆けつけて見た胴上げの景色。思い出したいものではないですが、きっと忘れることはないと思います。

ベテランこそ潑剌と

僕はベテランという言葉があまり好きではないので、「大人の野球選手」なんて言い方をしたりしますが、世の中的に見れば僕もベテランと言われる年です。

プロ野球の世界には四〇歳の選手も一八歳の選手もいるわけですが、もう今の時代は、ベテランが声を出さずに若い選手だけ声を出すというやり方ではダメだと思っています。ベテランこそ溌剌《はつらつ》とプレーすべきです。

むしろ最近は、元気にがんばっているベテランのほうが結果を出して、若い選手が気持ちで負けているところもあるかなと思いますね。

とくにホークスの場合は、結果が出ているベテラン選手のほうが前面に出てやる風習があります。普通は若手が最前列に並んでノックを受けることが多いので、珍しいですけどね。

これは先輩から受け継いできたホークスの伝統で、僕らが若いころは年長の人が余計に声を出していたから、今の僕たちもそれをやっているだけです。

もちろん、若手が声を出さなくていいというわけではないので、そこで気持ちで負けずに、結果をしっかり出していける若手こそが、層の厚いホークスのレギュラー争いに割って入ることができると思います。

僕たちも若い選手のお手本になるように、態度や気持ち、成績といった行動で示していきたいと思っていますが、まだまだ負ける気はありません。若手にとって、ものすごく高い壁であり続けていくつもりです。

別の世界でもすぐに対応できる力を身につける

僕は二〇〇五年のドラフトで希望枠で入団しましたし、プロに入る前には
それなりに自信はありました。

でも、入ってみたらまったくレベルが違いました。

「とんでもない世界にきてしまった」

と、焦りましたよ。

ただ、入った以上は適応するしかない。とにかく打つにしろ守るにしろ走るにしろ、この世界で通用するなにかを身につけないと、もうあっという間に引退かなと思って、必死にキャンプを過ごしました。

その甲斐があったのか、二〇〇六年シーズンは開幕一軍メンバーに残り、開幕戦でスタメン出場を果たすこともできました。とはいえ、黒田《くろだ》（博樹《ひろき》・当時広島）さんや松坂（大輔・同西武）さんなど一流ピッチャーにまったく歯が立たず、六月には二軍落ちしてしまい、その年はもう一軍に呼ばれることはありませんでした。正直、終わったなと思いました。自信を折られましたね。でも、当時の二軍監督だった秋山さんがつきっきりで猛特訓をしてくれて、なんとか一年でリストラはされずに、プロでもう少し長く続けていけるというちょっとした自信も芽生えました。

これは企業社会でも同じだと思いますけど、学生が就職したり、同じ業界

でも転職したりして、今までいた世界とはまったく違う場所に置かれたときに、すぐにその環境に慣れて、予期せぬ状況に対応できる力を身につける必要があると感じました。

これは自分には無理だとあきらめたり、適当にやっていればそのうちなんとかなるだろうとタカをくくったりするのではなく、とにかく食らいつく力ですね。

環境が変わったときほど、自分を真っ白にして、とにかくやってみるという謙虚さと、逆に開き直りのようなものが大切になると思います。

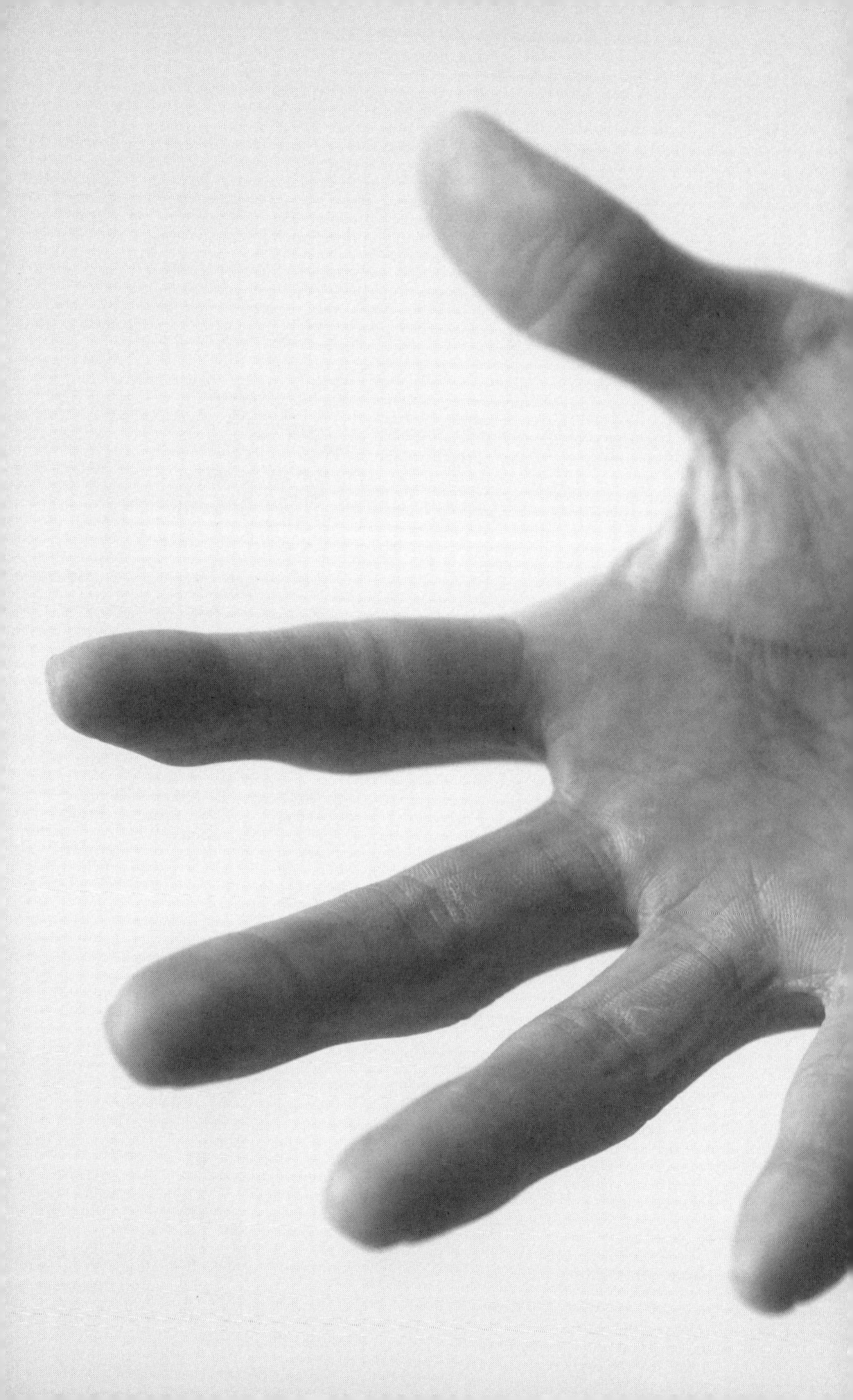

松田全体でショックを受けた

スタメンを勝ち取って以降、過去に、ケガをして二軍に降格したり、試合に出られないことはありましたけど、二〇一八年シーズンの最後は、実力で試合に出られませんでした。

入団一年目のときに、開幕からずっと出場していたにもかかわらず、交流戦の途中で突然、ファームに行けと言われたときに匹敵するくらいのショック、感覚でしたね。

頭よりも身体がショックを受けました。身体や心も含めた『松田全体』がショックを受けていました。今までにはなかった感覚です。

身体の調子が良くないだけならそこに注力して修正すればいいのですが、苛立ちや焦りで心も身体もバランスがバラバラになってしまっていたのだと思います。

CSファイナルステージでパ・リーグ王者の西武を破り出場した広島との日本シリーズ。CSでの不調もあり、僕は一戦目からスタメン落ちをしました。一勝一敗一分で挑んだ第四戦では、2点リードの六回一死一、三塁、追加点が欲しい場面で僕に打順がまわり、代打が送られました。ベンチの采配はピタリと当たり、代打の長谷川（勇也）のヒットで追加点を奪います。

一方僕はというと、代打やスタメンで一二打席に立ち、1安打1打点、打率・083と散々な結果でした。優勝を決めた第六戦にいたっては、試合に出場することすら叶いませんでした。

悔しいだけじゃ済まされない一年でした。

期待して使ってもらうことも、期待に応えることもできなかったということに、自分自身に対して憤りを感じました。

だけど、あえてプラスにとらえるなら、三五歳でこういう経験をしておいて良かったと思うようにしています。

近年は四〇歳を過ぎてもプレーする野球選手が増えました。

僕も、まだまだ現役を退くつもりはありません。まだ三五歳。この悔しさを噛みしめ、新たな「熱男」を作り上げるため、今は燃えています。

「松田宣浩」より「熱男」

ホークスファンの方や野球ファンの方、子供たち、今では多くの方に、「熱男」と呼んでもらえるようになりました。

他球団の若い選手も「熱男」ポーズをしてくれたり、すごく嬉しいですね。

はじまりは二〇一五年のソフトバンクホークスのチームスローガンだった

「熱男」。

正直、最初は「なんやこの言葉」って思っていましたよ。でも、スローガンをもっと浸透させたいという思いと、スポーツは熱い思いがないとできないとも考えていたので、叫んでみました。やり続けていたら、だんだんと自分のプレーに「熱男」という言葉が合っているなと感じるようになって。

その年初めてホームランを三〇本以上打つことができて、その年から四年連続で全試合出場することもできました。

ファンのみなさんとの一体感も「熱男」をやる前より増していると思います。

じつは二〇一七年にチームスローガンが変更されたので、ポーズも「ワンダホー！」に変えたのですが、「熱男〜！」のほうがしっくりきたのですぐに戻しました。観客のみなさんにも「熱男」が定着していましたし、「熱

男」を待っているファンの方もいるのだとわかりました。

四年やり続けて、もう今では松田宣浩という僕の名前より「熱男」のほうが広まってしまいましたね。最近よく「熱男の人」と呼ばれます。

僕自身は「熱男」をやって良かったなって思います。

プロ野球選手が何百人もいるなかで、みんなが知っている選手なんて本当に一握りだと思うんですよ。

憧れの長嶋茂雄さんが尊敬と親しみを込めて「ミスター」と呼ばれるように、「ミスター」と言えば長嶋茂雄さんというような、僕もそういう存在になりたいです。

もちろん実力でアピールするのが先ですが、ファンのみなさんに強烈に印象付けられる、みんなに覚えてもらえる選手でありたいですね。

ミーティングはここぞのときだけでいい

僕が選手会長をやっていたときに意識していたことは、

「ミーティングは多くやらない」

ということでした。

プロ野球は個人事業主の集まりでもあるので、選手それぞれ考えがありま す。もちろん、優勝ということはチーム全員が目指しているけれど、評価されるのは個人の成績なので、それぞれのルーティンや生活を重視したい気持ちもわかります。

だから、しょっちゅうみんなを集めてミーティングをすると「またか」と思う選手も出てくるでしょうし、何度もやっていると、ミーティングのためのミーティングになってしまって本質が伝わらないと思います。

ミーティングは大事なポイントでやるからこそ緊張感がありますし、話の内容も入ってくる。

印象的だったのが、二〇一四年にオリックスと優勝を争っているときのことです。優勝まであと少しというところで失速してしまったのですが、「明日勝てば大丈夫」という気持ちがどこかにありました。

でも勝てなくて、優勝を目前に悪夢の五連敗でチームの雰囲気はどんどん悪くなる一方。そんなときに、五十嵐《いがらし》（亮太《りょうた》）さん、細川《ほそかわ》（亨《とおる》）さん、内川（聖一）さんらが中心となってミーティングを開いてくれました。本当はそのときに選手会長だった僕が率先して開くべきでしたが、それでチームが一致団結して、一気に優勝を勝ち取りました。

ちなみに優勝を決めたのは僕のサヨナラ安打でした。あのヒットは本当に嬉しかったですね。それまで野球で涙を流すことはほぼなかったですけれど、自然と涙が出ました。二〇一二年、二〇一三年は優勝を逃し、選手会長に就任した二〇一四年に、そのときの監督が二軍時代にお世話になった秋山監督だったので、より感慨深かったです。今までの野球人生で一番印象に残っているシーンです。

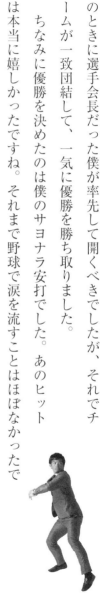

身近にライバルがいたから、今の自分がいる

甲子園球児だった父親の影響で小学校から高校までは双子の兄と一緒に野球をやっていましたけど、同い年なのに兄のほうがすべてにおいてレベルが高かったです。

少年野球チームで兄はピッチャー、僕はショート。ポジションが違うから技術的なことや出場機会などをめぐって揉《も》めることはありませんでしたけ

ど、やはり、負けたくないという思いはずっと持っていました。

　それが、僕がプロ野球選手になれたポイントだと思っています。兄と一緒にプロにいきたいけど、このままじゃ僕のほうが劣っている。そういう思いがあったからこそ、切磋琢磨《せっさたくま》して「熱く」続けてこられたと思います。

　高校卒業後、兄は社会人野球に進み、僕は亜細亜大学に進学しました。兄のほうがプロに近い存在でしたが、ケガをしてしまい、プロの道は断念。兄を追いかけてきた僕がプロになりました。人生何があるかわかりませんね。

　僕は双子の兄という存在がいたから、妥協せずに野球に向き合うことができました。

　これは少年野球チームに限ったことではないと思います。高校、大学、プロ野球、あるいは企業社会においても、とくにまだキャリアの浅い段階では、身近にライバルがいるのはすごくいいことですよね。

無趣味の強み

子供のころからほかに趣味も特技もなかったので、ある意味ブレることなく野球を続けることができました。時代はちょうどJリーグがはじまったころでしたけど、通っていた小学校にサッカークラブがなかったのも、一因だと思います。

大学時代は寮で門限もあったので、授業に出るのと野球しかしていなかったですね。もう少しほかのこと、スポーツにしてもそうだし、音楽とかに挑戦したり、遊んだりしても良かったのかな、とも思いますけどね。

今も趣味といえるようなものはないですが、メジャーリーグは超一流のプレーを見られるので、観るのは好きです。応援しているチームとかはとくにないですけどね。

音楽もこれというのは決めていないですが、トレーニング中とかに「テンションが上がる曲」などで検索して聴いています。試合前に決まった曲を聴いて気分を上げるとか、そういったところでのこだわりはないですね。こだわりといえば、時計とかスーツとかはいいものを持ちたいというのがモチベーションの一つになっています。

休みの日にはフラッと映画館に出かけて、流行りの映画を観ることでリフレッシュしています。映画館は遠征先でも行くくらい、好きな気分転換の時間ですね。

選ぶ映画はその時々のランキングの上位にあるもの。洋画邦画問わず、いわゆる人気作を観ますね。およそ二時間、野球のことを忘れてボケーッとできるのがいいですよね。だから映画を観るのが趣味なのではなく、気分転換のツールなんです。

ムネさんが引き継いでくれた責務

二〇一一年のオフにムネさんがメジャーに移籍することになり、その際に、「俺の代わりに元気を出してがんばってくれ」と言われました。それで、ムードメーカーというか、今のような「熱男」のキャラになりました。

そのころはやっと全試合出場を果たせたあたりで、自分のプレーだけに集中して必死にやってきていたので、結果を出しながらチームのために元気を出さないといけないということで、正直プレッシャーはありましたね。

でも何より、ムネさんが僕に引き継いでくれたことが嬉しかったから、続けてくることができました。

不思議と、元気キャラになってからは成績も安定して残せるようになりました。水が合ったのか、それとも責任が生まれたからなのか、とにかくいい方向へ進んでいったと思います。

そもそも、それまでは自分のなかに目立ちたがり屋の部分はありましたが、そんなに周囲に細かく気を遣えるほうではなかったと思います。

それでも自分なりに自分の殻を破っていこうと意識してやっているうちに、元気キャラが身についてきました。自分本位だったころの殻を破り、「熱男」として進化したことで、より大きく羽ばたくことができたと思っています。

目立たないところこそ重視する

二〇一八年の日本シリーズでは（甲斐）拓也がMVPですからね。バッティングは〝ぜんぜん〟なのに、守備でMVPが取れるんだって、僕も驚きました。それだけ、彼の盗塁阻止のインパクトが強かったということでしょうね。

裏を返せば、バッターとピッチャーがそれほど印象に残る活躍をしなかったということもありますけど。

だけどやはり、守備で盗塁を六個すべて刺して、それで勝ったといってもおかしくないです。広島の攻撃のペースを完全に狂わせることができました。

そのくらい守備は大事です。

打撃に比べると、守備はプロなんだから守れて当然のような雰囲気があって、ふだんは目立たないですけど、じつは守れないと話になりません。

僕も入団当時は守備のエラーが多く目立ちましたが、教わってきたコーチの方々との練習を重ねて上達しました。

打球が飛んでくる前、一歩目の準備などを教えてもらい、誰よりも打球を追いかけてノックを受けてきた自負があります。

野手のエラー一つで負ける試合もありますし、それで負けたら投手にも申し訳ない。投手も人生をかけて一球一球投げているので、野手も一球一球、

全力でアウトを取りにいかなければいけません。

そういった、やって当たり前なところを大切にできる選手やチームは強いですね。それは一般社会でも同じです。地道な作業は大切ですし、だれかが手を抜いたらその分だれかに迷惑がかかってしまいます。

だから僕自身、これからもゴールデン・グラブ賞を八回、九回、十回と取れるように、熱い思いを持って守備にも取り組んでいきたいです。

モチベーターはきっちり仕事をしてナンボ

「ホークスは若手のほうが声が出ていない」と言われることがありますし、僕もそう思うことがあります。でもそれは、僕自身そうだったように、若手で実績がないときはどう声を出していいのかがわからないからです。

たとえば「ナイスバッティング！」の一声さえ、

「ナイスバッティング……です」

とか、先輩に気を遣ってしまう気持ちはわかります。

僕の場合は、小久保さんやムネさんといった偉大な先輩方についていって一緒に声を出しているうちに実績も伴うようになっていき、そこから先頭を切って声を出せるようになりました。

つまり、モチベーターとしてチームを引っ張るためには、当たり前のことですけど、自分がきっちりと仕事をして結果を出すことが大前提です。いくら声を出したり、ベンチで周りに気を遣ったりしても、自分の成績が伴っていなかったら意味がないです。気を遣われている周りの選手も、励ましがいまいち響いてこないものです。

アマチュアだったらそれでもいいですが、プロなら自分自身も結果を出して、チームにも影響を与える存在でないといけないと思ってやっています。

それはもちろん、企業で働く方、あらゆる組織でモチベーターとならなければいけない立場の人には共通する心構えだと思います。

柳田の成長の秘密

柳田（悠岐）はルーキーのときから知っているので、正直、まさかここまですごいバッターになるとは思っていなかったです。

やっぱり身体の強さはもちろん、もともと持っているものが違うな、伸びしろが違うなと思います。

最初はワンバウンドでも何でも振って、力任せでやっていたのに、いつからか打率も上昇して、しかも、それでも飛ぶようになって、最近はケースバ

ッティングもするようになって、首位打者ですからね。

ホークスで試合に出るためには、若手も中堅も並大抵のがんばり方ではやっていけないので、相当、柳田なりに努力を積み重ねたと思いますよ。

彼自身のがんばりももちろんありますけど、チームの雰囲気が本人を変えた部分も大きいと思いますね。練習に取り組む先輩たちの量や方法、野球への向き合い方を見ていると、これだけやらないと結果が出ないということを、言葉で伝えられるよりも重く感じられます。

柳田がここまで変わるきっかけ、分岐点はいつだったのか、何だったのか。柳田が二〇一五年に初めて三〇本塁打を記録して、首位打者のタイトルもとったんですが、タイミングとしてはその辺りかなと思っています。

良くないときは何かを変えてみる

僕はスポーツ選手なので、コンディションが良くないときは結果も良くないんですよね。

そういうときは、日々のルーティンのなかで、少し新たなことに挑戦するようにしています。

基本的に大まかな骨組みはあるので、それにプラスアルファをする。

ダメだったらすぐやめればいいので、練習とかにちょっと違うことを取り入れています。

バットの持ち方であったり、グローブの使い方であったり、微々たることですけど。

僕は基本的に、スパイクはなんでもいいけど、グローブとバットは、

「これだ」

と思うものしか使わないです。

グローブは同じ形の色違いが何個もあるので、色を変えてみたりとか、それだけでも変わってきます。色が違うだけで雰囲気が変わって気分転換にもなりますからね。

バットは若いころに当時の秋山二軍監督から、

「バットに命を込めないといけない。自分に合ったバットを作らないといけない」

と教わって、何度も試打して作った形のものを長年使っています。

ただ、二〇一八年シーズンは巨人の坂本勇人からもらったバットに助けられることが多々ありました。

勇人とはWBCで二大会連続サードとショートという仲だったので、グラウンドでよく野球の話をしましたし、刺激になりました。それで勇人からもらったバットを不調のときに使ってみたら、いい気分転換になって。勇人とはバットのメーカーが一緒なので、メーカーにお願いして勇人と同じ仕様のバットを作ってもらいました。

自分のスタイルやこだわりを貫くことも大切ですが、調子が良くないときこそ、気軽な気持ちで少し新しいことに挑戦してみるいい機会だと思います。

若いころと同じメニューをこなし続ける

二〇一九年は一九歳の吉住晴斗《よしずみはると》と二三歳の周東佑京《しゅうとううきょう》と一緒にグアムの自主トレに行きました。正直、ほとんど付き合いはなかったのですが、自分にプラスになると思って誘いました。一人だと自分のなかに限界を作ってしまうけれど、若い選手の前ならそういうところは見せられないと思って。

僕も若いころは松中さんに連れて行ってもらって、一緒にめちゃくちゃ走っていたので、若いころの気持ちを思い出しましたね。

僕は二〇一九年で三六歳ですけど、今でも入団当時のころと同じトレーニングのルーティンがあります。

年明けは福岡の大嶽《おおたけ》神社で坂道＆階段ダッシュからスタートして、グアムの自主トレ、母校・亜細亜大学でＯＢたちとの合同トレーニング、筑後の球団施設での最終トレーニングを行い、二月にキャンプインをします。

僕にとっては、プロ野球選手を続けていくうえで、この一連のトレーニングができなくなったらマズイなというバロメーターでもあります。逆に、これができたから今年も一年を乗り切れる、という自信にもなります。

トレーニングの内容は若いころと同じものをやります。正直きついですし、タイムとかはアレですけど……。それでも練習内容、量は変えずにやってきました。極端な話、昔は一時間でできていたものが二時間かかったとし

ても、自分に課したトレーニングは変えずにちゃんと向き合っていきたいと思っています。

　さらに、今年の自主トレから新たに水泳トレーニングを取り入れました。体力の強化や身体の可動域を広げる目的でした。三歳から小学六年生まで水泳をやっていたので、陸では一九歳と二三歳に負けますが、水中では負けない気持ちでやりましたね。久しぶりの水泳は身体の面でも心の面でも効果があったと思います。

　バッターボックスに立つと、若いとかベテランとかは関係ありません。若いころに比べて足は遅くなりましたが、パワーは年々ついてきていますし、若いころにはなかった経験と実績もあります。そこは若手には絶対に負けないところだと自信があります。

「これを乗り越えたから大丈夫」と思える基準を持つことは、次へ向かううえで自信になります。さらにそこに新しいことを取り入れつつ、過去の自分を超えていく。年齢が上がったからといって、自分自身に制限や限界を定める気は毛頭ないです。

今年もハードなトレーニングを乗り越えた自信を持って、三六歳のシーズン、キャリアハイを目指します。

若手優先の社会潮流には逆らっていきたい

僕は自分自身、まだまだベテランと思ってはいないですけれど、ベテランより若い力を優先していこうという社会の流れには逆らっていきたいと思っています。

プロ野球でも、若返りという言葉で実績のあるベテランを切るという風潮があります。

同世代の選手でも、そういう世代交代の流れには乗らないといけないという考え方の人もいますが、僕はまだまだ現役でやりたい。

四〇歳まではやり続けたいですね。

若い選手と比べたら足の速さとかでは劣りますが、その分、経験があります。心も身体も、若いころよりしっかりとメンテナンスしているので、負けるとはまったく思っていません。

学生スポーツなら、先輩が卒業すれば出場のチャンスが自動的に回ってきますけど、プロの世界で、年をとったからといって、若手にハイどうぞとポジションを譲るものではないと思っています。

若手に、次の世代を育てるための起用だとしても、そう簡単に明け渡すつもりはないです。

本当に実力の世界だからこそ、早く自分を脅かすような若手が出てきてほしいという思いもありますけど、まだまだ負ける気がしないし、ホークスでも代表でも、サードのポジションは渡したくないですね。

あとがき

この本を書いている二〇一八年のオフに、背番号を「3」から、プロ入り後二〇一六年までつけていた「5」に戻しました。背番号「3」は長嶋茂雄さんやソフトバンクの先輩である松中信彦さんが背負っていた憧れの番号でしたが、原点回帰の意味で背番号を「5」に戻しました。球団の方にはわがままを聞いてもらい申し訳ないですが、二〇一八年の悔しさがあったので、初心にかえる思いで、自分にプレッシャーをかけるためにも背番号を変更し

ました。

シーズンが終了したばかりのころはただただ自分の不甲斐なさにムカついていましたが、今はもう背番号とともに気持ちを切り替えて、悔しさをバネに次のシーズンに向けて準備をしています。

二〇一九年でプロ一四年目、三六歳のシーズンを迎えます。

この歳になると、若い選手から、

「いつまで声を出してチームを引っ張り続けるんですか？」

と聞かれることがあります。

でも、僕はまだまだプロ野球界を盛り上げる、引っ張るつもりでいます。

今回改めて自分の考えを整理したときに、若いころより視野が広がり、周りの状況を見られるようになっているのだと気づきました。自分のプレーだけでなく、ファンの皆さん、チームメイトを盛り上げたいという気持ちが湧いてきて、「熱男」になれたのだと思います。

球界最高のモチベーター……。

今の僕がそうなれているか、本当の自信はまだありません。

でも、モチベーターとして常に元気と結果を出していくために、熱い気持ちを持って挑み続ける覚悟です。

最後に、僕の拙い文章で綴ったこの本を読んでいただき、本当にありがとうございました。

今シーズンも皆さんの期待に応えられるように、元気を伝えられるように、全力で熱くプレーをしていきますので、応援のほどよろしくお願いいたします。

二〇一九年三月

松田宣浩

■成績

■ 年度別打撃成績

年度	試合	打席	打数	安打	打率	二塁打	三塁打	本塁打	打点	盗塁	長打率	出塁率
2006	62	220	204	43	.211	8	3	3	18	0	.324	.258
2007	74	221	193	49	.254	13	2	7	22	3	.451	.321
2008	142	595	551	154	.279	33	10	17	63	12	.468	.322
2009	46	175	160	45	.281	13	2	8	24	1	.538	.315
2010	113	458	424	108	.255	20	3	19	71	17	.450	.284
2011	144	582	525	148	.282	31	7	25	83	27	.510	.344
2012	95	390	360	108	.300	28	7	9	56	16	.492	.349
2013	144	626	584	163	.279	26	5	20	90	13	.443	.314
2014	101	423	392	118	.301	20	3	18	56	12	.505	.341
2015	143	603	533	153	.287	22	2	35	94	8	.533	.357
2016	143	609	548	142	.259	23	5	27	85	6	.467	.325
2017	143	577	531	140	.264	19	6	24	71	5	.458	.319
2018	143	580	517	128	.248	21	3	32	82	3	.485	.324
通算	1493	6059	5522	1499	.271	277	58	244	815	123	.475	.325

年度別守備成績（サード）

年度	試合	刺殺	補殺	併殺	失策	守備率
2006	58	30	104	9	9	.937
2007	47	17	81	7	4	.961
2008	142	85	238	**27**	17	.950
2009	45	27	66	6	5	.949
2010	109	41	190	11	8	.967
2011	144	**97**	**296**	**26**	13	.968
2012	95	49	189	12	6	.975
2013	144	76	**269**	20	11	**.969**
2014	101	50	166	10	7	**.969**
2015	143	76	**256**	**19**	8	**.976**
2016	143	84	**264**	**27**	12	**.967**
2017	143	83	210	19	10	**.967**
2018	143	82	**227**	**26**	7	**.978**

＊**太字**はリーグ最高成績／2011、2013〜2018年度はゴールデン・グラブ賞

WBC（ワールド・ベースボール・クラシック）打撃成績

開催年	試合	打率	二塁打	本塁打	打点	出塁率
2013	7	.333	2	1	5	.391
2017	7	.333	1	1	7	.320

■福岡ソフトバンクホークス　年度別成績

年度	監督	試合	勝	敗	分	勝率	打率	本塁打	防御率	順位	CS	日本シリーズ
2006	王貞治	136	75	56	5	.573	.259	82	3.13	3		
2007		144	73	66	5	.525	.267	106	3.18	3	1st ステージ敗戦	
2008		144	64	77	3	.454	.265	99	4.05	6		
2009	秋山幸二	144	74	65	5	.532	.263	129	3.69	3	1st ステージ敗戦	
2010		144	76	63	5	.547	.267	134	3.89	1	ファイナルステージ敗戦	
2011		144	88	46	10	.657	.267	90	2.32	1	優勝	優勝（対中日）
2012		144	67	65	12	.508	.252	70	2.56	3	ファイナルステージ敗戦	
2013		144	73	69	2	.514	.274	125	3.56	4		
2014		144	78	60	6	.565	.280	95	3.25	1	優勝	優勝（対阪神）
2015	工藤公康	143	90	49	4	.647	.267	141	3.16	1	優勝	優勝（対ヤクルト）
2016		143	83	54	6	.606	.261	114	3.09	2	ファイナルステージ敗戦	
2017		143	94	49	0	.657	.259	164	3.22	1	優勝	優勝（対DeNA）
2018		143	82	60	1	.577	.266	202	3.90	2	優勝	優勝（対広島）

松田宣浩

まつだ・のぶひろ
滋賀県草津市出身。
1983年5月17日生まれ。
2005年のドラフトで、希望入団枠でホークス入団。
2018年シーズンのパ・リーグベストナイン。
ゴールデン・グラブ賞7度受賞。
攻守走にわたって背中でチームを引っ張る。
2014年から2年間選手会長。
この間、チームは日本シリーズ連覇を果たす。
2013、2017年のWBCに出場。
17年のWBCキューバ戦で披露した「熱男」ポーズで日本中を熱くした。

熱《あつ》男《お》のことば
球《きゅう》界《かい》最《さい》高《こう》のモチベーターが実《じっ》践《せん》する究《きゅう》極《きょく》のポジティブマインド

2019年 3月20日　第1刷発行

著　者　松《まつ》田《だ》宣浩《のぶひろ》
発行者　渡瀬昌彦
発行所　株式会社 講談社
〒112-8001
東京都文京区音羽2-12-21
電話　03-5395-3522 編集
03-5395-4415 販売
03-5395-3615 業務

印刷所　株式会社 新藤慶昌堂
製本所　株式会社 国宝社

ISBN978-4-06-515408-3